„Langsam lesen, ja, das kann man sich vornehmen
- aber langsam leben - wie macht man das?
Seit ich überhaupt wieder lebe,
vergeht die Zeit so unaufhaltsam schnell ..."

Ina Seidel, Das unverwesliche Erbe, S. 360

Für meine Enkel Jonas, Lily, Paul, Antonia, Emil, Marta und Hedi,
für meine Kinder Christoph, Sigrun, Jan, Lukas und Anne,
und für meine liebe Ehefrau Dorothea

Coverbild Vorderseite:

Johann Peter Hasenclever (1810 - 1853), Das Schulexamen, Lithographie nach einem Gemälde zur 'Jobsiade oder Leben, Meinung und Taten des Hieronymus Jobs' des Mülheimer Arztes Carl Arnold Kortum (1745-1824), das der bayerische König Ludwig I. erwarb.

Schmutztitel:

Greifswald Dom St. Nicolai und Korbmacherhaus,
Aufnahme: Ludwig Tägert 1936

Jürgen Joachim Taegert

VOM TROPFHÄUSLER ZUM „KÖSTER UND SCHAULMEISTER"

Der (mühsame) Weg in die
Bürgergesellschaft des 17. und 18. Jahrhunderts

Eine kleine Familienchronik der Täger(t) / Taeger(t)

Teil I (1670-1802):
Lenzen – Tripkau – Greifswald – Kemnitz

Version 12-07-2016

Bibliografische Informationen der Deutschen Nationalbibliothek:

Die Deutsche Nationalbibliothek verzeichnet diese Publikation in der Deutschen Nationalbibliothek; detaillierte bibliographische Daten sind im Internet über http://dnb.d-nb.de abrufbar.

Copyright © Jürgen Joachim Taegert 2014

Zweite überarbeitete Auflage, Kirchenpingarten 2016

Bearbeitung und Herausgabe, Design und Layout:
Jürgen Joachim Taegert

Herstellung und Verlag:

BoD – Books on Demand, Norderstedt
ISBN 978-3-7412-4009-6

VORWORT

Noch heute erinnere ich mich mit Unbehagen eines Vorfalls aus der fünften Klasse des Gymnasiums, das ich die Ehre hatte, in der Rattenfängerstadt Hameln zu durchlaufen.

Meine Familie war, dem Berufsweg meines Vaters folgend, kurz nach dem letzten Weltkrieg in dieser vom Krieg weitgehend verschonten Hauptstadt des Weserberglandes zugezogen (vergl. dazu auch mein autobiografisches Buch „wild und fromm" 2012). Dort war ich auch eingeschult worden.

Inzwischen war ich 10 Jahre alt und, zusammen mit 45 weiteren munteren Mitschülern, in der fünften Klasse. Zum Unterrichtsstoff in diesem Jahrgang gehörte die Erforschung des eigenen Familiennamens. Die meisten Mitschüler führ-ten stolz ihre überzeugenden Ergebnisse vor. Dann wurde ich aufgerufen. Doch leider konnte ich nur stotternd ein leeres Blatt präsentieren. Und so stand ich da, mit rotem Kopf, dem durchbohrenden Blick des Lehrers ausgesetzt, der mich wohl für einen Faulpelz hielt.

Auch meinen Mitschülern gegenüber genierte ich mich. Ich hatte es damals nicht geschafft, eine einleuchtende Herleitung des Namens „TÄGERT" – mit diesem Umlaut „ä" schrieben wir uns damals noch – anzubieten. Das will ich nun, gut 60 Jahre später, endlich nachholen. Dabei will ich versuchen, das Leben der einstigen Namensträger in ihrer jeweiligen Zeit lebendig werden zu lassen

Heute gibt es weltweit wohl nur 14 Menschen, Kind und Greis eingerechnet, mit weiter abnehmender Tendenz, die den Namen „TAEGERT" in der Schreibung des Umlautes mit „ae" urkundlich nachweisen können, wie ich ihn kraft des Eintrages bei meiner Geburt trage. Rechnet man die vier angeheirateten Namensträgerinnen ab, bleiben acht tatsächlich miteinander Verwandte. Darunter sind zwei Männer, die, aus Respekt und Liebe zu ihrer Ehepartnerin, deren Namen mit Bindestrich ihrem eigenen Namen TAEGERT beigefügt haben. Ferner gibt es eine Ehepartnerin, die sich zur vergleichbaren Doppelnamenführung entschieden hat.

Diese hier aufgezählten „TAEGERT" führen sich, mit vielen anderen „TÄGER", „TAEGER" oder „TÄGERT", auf die gleichen Vorfahren im 17. Jh. zurück, sind also unmittelbar verwandt, wohingegen der Name „TAEGE" u.ä. nichts mit dieser Familie zu tun hat. Nachzuweisen wäre im Folgenden also, wie die Namensschreibung der Ursprungsfamilie war, was sie bedeutet, wie die Schreibung mit oder ohne „t" am Ende zustande kommt und wie relevant der Umlaut „ae" oder „ä" in diesem Namen ist.

Liest man die Geschichte der Namensträger eingebettet in die jeweiligen Zeitumstände, wie ich sie, einem Impuls meiner Enkel folgend, recherchiert habe, dann entfaltet sich hier ein durchaus spannender authentischer Familienroman. In seiner Dramatik spiegeln sich die wesentlichen Ereignisse der deutschen Geschichte seit dem 30-jährigen Krieg wider – soweit zurück reicht der Erfolg dieser Namensforschung, also über 350 Jahre – bis in die Gegenwart. Diese Familiengeschichte kann sich in ihrer zeitlichen Spannweite zwar nicht mit adligen Stammbäumen messen, die bisweilen doppelt so weit reichen, hat aber für sich, dass sie gut als Vergleich für die Frage heute herhalten kann, was selbstverantwortetes „Leben" und persönliches Engagement im Bürgertum bedeuten. Denn alle Lebensläufe dieser TÄGER(T) / TAEGERT *bringen den Willen der Namensträger zum Ausdruck, unter Dreingabe der vollen Persönlichkeit aus bescheidenen Anfängen etwas aus sich zu machen und dabei auch für andere Menschen Verantwortung zu übernehmen.*

Das vorliegende kleine Bändchen „Vom Tropfhäusler zum Köster und Schaulmeister" ist der Pilotband. Er betrachtet das Leben der ersten drei Generationen dieser Familie seit ihrer ersten urkundlichen Bezeugung nach dem 30-jährigen Krieg bis zum Beginn des 19. Jh., also bis zur Zeit der Aufklärung und der napoleonischen Kriege und beschreibt ihren Aufstieg vom Rand der Gesellschaft ins Bürgertum.

Im zweiten Bändchen „Wenn die Erdachse schwankt" begleiten wir die nachfolgenden Generationen durch die Geschichte Preußens im Biedermeier bis ins „Zweite Reich" und werden zu Zeugen von Alltag, Kultur und Wissenschaft im gehobenen Bürgertum, aber auch von tragischen Familienereignissen.

Im Zentrum des dritten Teils dieser Familiensage, im Doppelband „Die Kima und ihr Lutz", stehen die beiden letzten Generationen bis zum Beginn der Bundesrepublik Deutschland. Sie haben das „Zweite Reich" bis zum revolutionären Abbruch der Kaiserzeit miterlebt und sind zu Zeitzeugen des Aufstiegs und Falls des „Dritten Reiches" geworden. Mit ihren Lebensschicksalen und persönlichen Entscheidungen sind sie auf vielfältige Weise in diese Zeit verflochten und bilden mit ihrem politischen und sozialethischen Verhalten exemplarisch das „normale" bürgerlichen Lebens in dieser Zeit ab. So geben sie uns auch Antwort auf die immer noch beunruhigende Frage, wieso Deutschland seinerzeit der unheilvollen Hitlerherrschaft anheimfallen konnte und was aus Deutschland damals geworden ist.

*Jürgen Joachim Taegert,
Kirchenpingarten, Juli 2016*

INHALTSÜBERSICHT

I. Wie kommen die Taegert und Tägert zu ihren Namen?

1. Ein ganz besonderer Name — 11

- Moderne Namensherleitungen sind originell, aber nicht wissenschaftlich — 11
- Zwischen Bauernthing und Tagelohn — 12
- Quellenerkundung mit Kirchenbüchern, Volkszählungslisten und Ahnentafel — 13
- Familienforschung – ausnahmsweise ein brauchbares Erbe der Nazis — 14
- Spannende erste Erkenntnisse über die Schreibung des Namens „Taegert" — 16
- Ein Name mit landschaftsbezogener Herkunft aus der Gegend der unteren Elbe — 18
- Die Wanderungen des Namens „Täger" zwischen 18. und 19. Jh. — 19
- Ein erschütternder Schwund und Konsequenzen für die Namensforschung — 21
- Die „Benrather Linie" hilft uns weiter — 21
- Namenssuche mit „Kasper Ohm" und „Entspekter Bräsig" — 23
- Waren die Täger Zehent-Eintreiber? — 24

2. Täger - der „Schaffmeister von Lenzen" — 26

- Lenzen – frühe und umkämpfte Heimat unserer Väter — 27
- Ein zäher und eigenwilliger Volksstamm im Widerstand — 29
- Neustart aus dem Elend des 30-jährigen Krieges — 30
- Der mühsame Aufstieg vom „Tropfhäusler" — 31
- Der Umgang mit Tieren als Namensgeber und Statusanzeiger — 32
- Von der Ziege zur „Teege" — 34

II. Der mühsame Weg in die Bürgergesellschaft

1. Caspar Christopher Täger – Kötner in Tripkau — 36

- Tropfhäusler dürfen den Kopf nicht hängen lassen — 36
- Neue Chancen in Lenzen – und neue Katastrophen — 36
- Ein Neuanfang in Tribbekau — 38
- Glückliche Heirat mit der Barbierstochter — 40
- „Jürgen", ein neuer Name, der Glück signalisiert — 41

Ein Schankwirt in der „Kate"	43
Mit der Bäckerswitwe zum besseren Bier	44
Der „Krôch" als gemeinsames Familien-Projekt	45
Aufbruch in die „Aufklärung"	47

2. Jürgen Jochim Täger – Amtsmeister der Schumacher in Greifswald

	49
Greifswald - eine stolze protestantische Stadt des Handels und der Wissenschaft unter schwedischer Herrschaft	49
Hohe Hürden für den Start in der Fremde	52
Das Bürgerrecht erfordert die „Echtgeburt" und ist teuer	53
Der Einstieg ins „Schauster"-Handwerk ist Sache des „Amtes"	55
Ordnungen regeln das Leben der Zünfte und den Weg zur Meisterschaft	57
Aller Anfang ist schwer	58
Das verbreitete Fressen und Saufen macht den zukünftigen Meister arm	59
Heirat mit der Tochter des Kleinschmiedemeisters	60
Englische Namensgebung?	61
Amtsmeister mit eigenem Status und besonderer Kleidung	63
Verantwortung für die Streiche der Gesellen und Lehrbuben	65

3. Eine unerwartete Wende in der Familiengeschichte

	66
Handwerk in der Krise	67
Begabung für Pädagogik und Impulse der Aufklärung	67
Die Belebung der niederliegenden Pädagogik und Bildung in Greifswald durch den Halleschen Pietismus	68
Überzeugt vom Halleschen Theologen Theophil Piper	70
Die Greifswalder Bürgerschule wird reformiert	72

III. Schritte in die Bildungsgesellschaft

1. Kemnitz – neuer Wohn- und Dienstort von Jürgen Jochim Taeger als „Köster und Schaulmeister"

	75
Ein ehrwürdiger Landort mit wenig Sehenswürdigkeiten	76
Der Küster hat ein „liturgisches Ansehen" und ordentliche Einkünfte	77
Sonntags Kantor, alltags Küster? – in Wahrheit gebildete Idealisten	79

Die Kirchen übernehmen den Auftrag zur geistlichen und moralischen Bildung des Volkes	82
Ein christliches Lernziel in sozial verwahrlosten Zeiten: Bildung „nach Gottes Bild"	83
Luthers Katechismus als elementares Lehrbuch	84
Als „Köster" im Dienst von Liturgie und Kirche	85

2. DER „SCHAULMEISTER", ZUSTÄNDIG FÜR DIE GRUNDBILDUNG DER SCHÜLER — 86

Visitationen weisen manche Mängel nach	85
Ein Beruf zum Auskommen unter kirchlicher Trägerschaft	88
Missachteter kirchlicher Idealismus	89
Schwedische Liberalität, lutherischer Protestantismus und deutsche Aufklärung	90

Karten und Tafeln:

Namensverteilung „TÄGERT" und „TAEGERT" nach dem Telefonbuch	10
Deutschlandreise 1936 auf der Suche nach Vorfahren	16
Namensverteilung „TÄGER" nach dem Telefonbuch	19
Niederdeutsche Sprachgrenze „Benrather Linie"	22
Urstromtal Elbe: Von Lenzen nach Tripkau	38
Schwedisch-Pommern	90
Ahnentafel TÄGER – TÄGERT – TAEGERT ab 1670	93

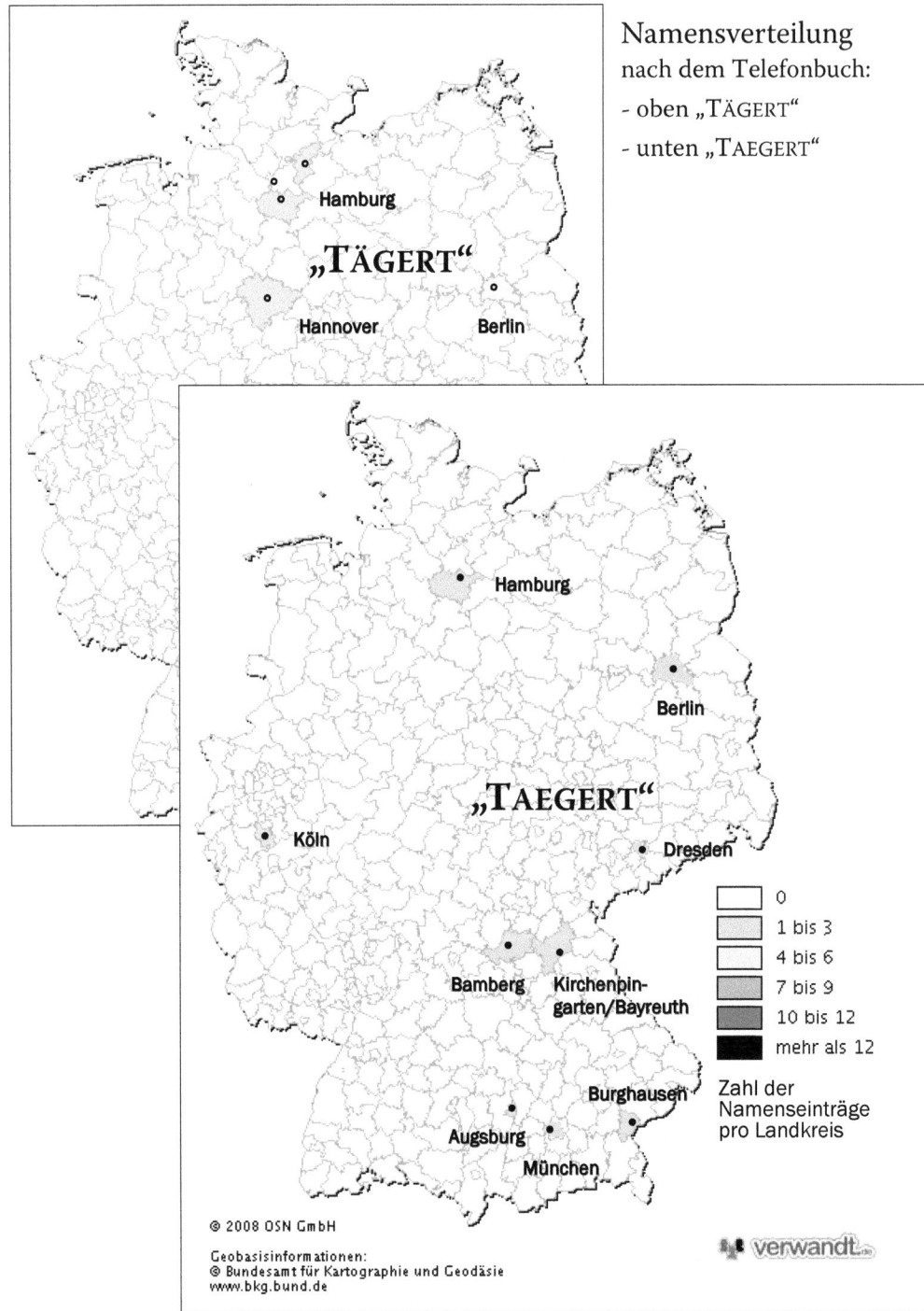

I. WIE KOMMEN DIE „TAEGERT" UND „TÄGERT" ZU IHREN NAMEN?

1. Ein ganz besonderer Name

Menschen, die BECKER, FISCHER, MEYER, MÜLLER, SCHMIDT, SCHUSTER, WAGNER oder WEBER heißen, haben's leicht, wenn sie ihre Familiennamen erklären sollen. Ihre Namen gehören mit zu den zehn bzw. 100 meistverbreiteten Familiennamen in Deutschland. Ihre Inhaber können sich vieles über ihre Namensherkunft aus den Fingern saugen oder direkt bei Wikipedia abschreiben oder auf anderem Wege „ergoogeln". Dafür gibt's freilich solche „gewöhnlichen" Namen auch wie Sand am Meer.

Beim Namen „TAEGERT" ist die Herausforderung größer. Denn seine Herleitung ist weitaus schwieriger; ja, sie wäre wohl ein Fachartikel wert, den zu erstellen aber noch niemand sich bemüht hat.

Dafür ist dieser Name aber auch etwas ganz Besonderes. Im deutschen Telefonbuch finden sich mit dieser Schreibung mit „ae"-Umlaut derzeit ganze achte Einträge, was nach der üblichen Hochrechnung eine Gesamtzahl von ca. 16 lebenden Personen, Mann und Frau, Kind und Greis, ergäbe, – und das weltweit! Man darf daher den Namensforschern nicht böse sein, wenn sie bislang einer so raren Spezies so wenig Beachtung geschenkt haben. Aber nachdem es sich doch um eine überaus interessante Familie handelt, kann eine nähere Betrachtung spannend und lohnend sein. Fragen wir also zunächst einmal: Was bedeutet dieser Name „TAEGERT"?

Moderne Namensherleitungen – originell, aber nicht wissenschaftlich

Schauen wir als zunächst auf ähnlich klingende Ausdrücke in unserer Zeit. In der internationalen Jugendsprache heute ist ein „Tagger" (Aussprache: „Tägger") entweder ein extremst gut gelaunter Mensch oder auch ein Graffitisprayer. Die Bildagentur iStock beschreibt ihn als *„bad boy with a can of spray paint and an evil grin"*. Der Hauptbestandteil „tag" meint eine Markierung; ein „tagger" versieht also Dinge mit einer Art Aushängeschildchen.

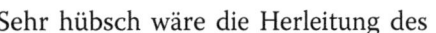

Sehr hübsch wäre die Herleitung des

Namens „Taegert" von diesem Jugendidiom „tagger", – vor allem das mit der guten Laune sollte man sich unbedingt merken, weniger dagegen die spontihafte Chaotik! Aber natürlich hält eine solche Deutung wissenschaftlichen Ansprüchen nicht stand und hat mit den Taegerts der Vergangenheit und Gegenwart außer der Gefühlsbeschreibung gar nichts zu tun.

Auch andere Versuche, von gegenwärtigen Begriffen auszugehen, führen ins Leere. So könnte die Wortkonstruktion „teger" ja ein Gegensatz zu „integer" sein. Während „integer" einen aufrichtigen Menschen bezeichnet, der rechtschaffen und unbestechlich seinen Weg geht, wäre „teger" ein „Möchtegern", der sich profilieren will, eitel ist, seine Ellenbogen einsetzt oder um jeden Preis etwas Markantes an sich haben will. Doch das würde zu den Taegerts nicht recht passen und hat mit ihrem Namen auch nichts zu tun.

Zu originellen Deutungen führt auch die Gleichsetzung mit dem Wort „Tegger" in der Kami-Sprache auf der Insel Java; es ist eine Verbform, die man so übersetzen könnte: „Du wirst können". Mag nicht jeder von uns gern so einen ermutigenden Zuspruch hören? Dieser Eifer, anderen Menschen Mut zu machen, findet sich durchaus bei den Taegerts, doch erklärt das auch ihren Namen?

Noch andere kreative Versuche gibt es, sie führen aber alle nicht ans Ziel, weil sie stets den Fehler machen, mit der Fantasie von heute einen Ausdruck aus einer anderen Zeit zu erklären. So steht man also erst einmal mit leeren Händen da, wie mir das damals als 10-Jähriger in der fünften Klasse widerfuhr, als ich die Hausaufgabe nicht zustande brachte, und ist ein bisschen neidisch auf die Meyers, Müllers und Schulzes, die es bei der Namensdeutung doch deutlich leichter haben.

Zwischen Bauernthing und Tagelohn

Später habe ich selbst Ableitungen versucht. So hatte mein Vater von einem „tegger" erzählt, welcher der Vorsitzende im germanischen Bauernthing gewesen sei. Genau diese Schreibung „Tegger" findet sich auch in Nebenzweigen unserer Stammtafel im 18. Jh. Einen Nachweis für die Herleitung von einem ominösen Tegger habe ich aber bis heute nicht gefunden. Wortverbindungen mit „teg-" kommen in deutschen Wörterbüchern nicht vor, sind also nicht typisch für die deutsche Sprache. Allerdings ist der Name Tegger in Südengland, den USA und Kanada ziemlich verbreitet, das wird uns noch beschäftigen.

Ein anderer eigener Versuch der Herleitung, der mir lange Zeit gefallen hat, war „Tager", worunter ich mir jemanden vorstellte, der so wenig verdient, dass es nur für einen Tag reicht. Heute würde man vielleicht von einem „Aufstocker" sprechen. Auf jeden Fall ist das, was er z.B. durch sein Handwerk verdient, zu wenig, um die Familie davon angemessen zu ernähren. Er sucht sich also beim Gutsbesitzer einen Zusatzjob, der zwar kein festes und regelmäßiges Gehalt, wohl aber an manchen Tagen, z.B. in der Erntezeit, ein ordentliches Zubrot verspricht. Solche armen Leute gab es ja seinerzeit zuhauf, insbesondere in der Zeit, in der auf unserer Stammtafel die ersten Namen greifbar werden, in der Generation nach dem 30-jährigen Krieg, Menschen, die dieser Krieg um Haus und Hof gebracht hatte. Dem Gebet des Vaterunser in der Bibel verdanken wir zwar den Hinweis, dass die Bitte um das tägliche Brot in der griechischen Sprache genau diese Ration für einen Tag meint, die Gott dem Menschen sicherstellen möge, das „Brot für den heutigen Tag". Doch gehen unsere Ansprüche zu allen Zeiten natürlich über ein solches Minimum weit hinaus und treiben uns an, möglichst rasch diesem Zustand der Armut zu entrinnen.

Natürlich war mein Herleitungsversuch von „Tager" ein sprachliches Fantasieprodukt von heute. Die tatsächliche Bezeichnung solcher „Tagelöhner" in alten Kirchenbüchern ist „Tagner", wovon sich der Name „Täger" kaum herleiten lässt. Doch wie exakt dieses Fantasiewort einen alltäglichen Zustand kennzeichnet, der die Familie TÄGER(T), und mit ihr auch viele andere Menschen damals wirklich berührt hat, das hat sich zu meiner Überraschung erst jetzt bei den gründlichen Recherchen zu unserem Familiennamen gezeigt.

So muss man also bei dieser Namensforschung noch gründlicher ansetzen und dabei auch in den Tiefen der Vergangenheit schürfen. Dabei kommt man um eine genauere Kenntnis der Stammtafel dieser Familie nicht herum, denn sie ist fast der einzige Schlüssel, um das Geheimnis dieses Namens und seiner Geschichte zu enträtseln.

Quellenerkundung mit Ahnentafel, Kirchenbüchern und Volkszählungslisten

Mein Vater LUDWIG, der seinen Nachnamen noch „TÄGERT" schrieb, hat seinerzeit die Mühen auf sich genommen, die einzigen möglichen Quellen zu erforschen, welche uns hoffen lassen, die Familien- und Namensherkunft nachweisen. Bei besser gestellten Leuten mit großem Namen und ererbten Vermögen sind oft auch die alten Stadtarchive eine Fundgrube, die Wissenswertes über ihre Vorfahren aufbewahren. Doch davon konnte bei den Tägerts erst ab dem Zeitpunkt die Rede sein, als sie einen gewissen gesellschaftlichen Status erworben hatten, und das war erst nach den Jahren ab etwa 1860 der Fall. Für die Suche nach älteren Vorfahren müssen wir uns, wie die meisten anderen „gewöhnlichen" Namensforscher auch, als Hauptquelle auf die „Kirchenbücher" stützen.

Dass es sie gibt, ist eigentlich ein historischer Glücksfall der früheren akkuraten Verwaltungspraxis der Kirchen, die über das geistliche Leben ihrer „Schäflein" im Bilde sein wollten. Alle Pfarrer, sowohl im evangelischen als auch katholischen Bereich, sind seit der Reformationszeit verpflichtet, handschriftlich und sorgfältig in solide gebundenen großen Büchern alle geistlich-pastoralen „Amtshandlungen" festzuhalten und sie mit seelsorgerlich relevanten Daten zu ergänzen. Als hochbedeutsame Urkunden wurden diese Folianten mit den Einträgen über die Gläubigen noch in meiner Amtszeit von den Amtsinhabern in Stahlschränken aufbewahrt und unter kirchenamtlicher Protokollierung mit Siegel und Unterschrift an die Nachfolger übergeben.

Heute hält auch bei der Buchführung über die Gemeindeglieder die Digitalisierung in den Pfarrämtern Einzug. Doch muss man bei allen Daten, die vor dem Einzug des Computers liegen, immer noch auf die würdevollen, oft in Schweinsleder gebundenen klassischen „Kirchenbücher" zurückgreifen. In ihnen zu blättern und die alten Schriften und Kommentare zu lesen ist ein Genuss für Historiker. Wegen der unersetzlichen Wertes der Bücher sind viele Pfarrämter aber dazu übergegangen, sie in die landeskirchlichen Archive auszulagern. Sie besitzen dann selbst nur noch Mikrofiches oder nachgeschriebene Auszüge.

So finden sich nicht nur die Namen und Wohnorte von fast allen getauften Christen in Deutschland seit der Reformation oder dem 30-jäh-rigen Krieg in diesen „Matrikeln", sondern auch die Daten über ihre Taufe, Trauung, Konfirmation bzw. Firmung, Eheschließung und Bestattung. Beigefügt sind in der Regel auch die Namen der Eltern bzw. Ehepartner mitsamt Konfession und Wohnort, die Namen der Paten und oft auch besondere Umstände, wie „unehelich" oder „totgeboren".

Bei kirchlichen Bestattungen wurde früher meist auch die Todesursache mit angegeben. Sie kann ein wichtiger Hinweis sein für vererbbare Krankheiten und manchmal schockierende Unfälle oder Ereignisse. Bei den Evangelischen ist es seit der Reformation auch eine unumstößliche Tradition, die Bibeltexte beizufügen, die bei den jeweiligen „Kasualhandlungen" geistlich betrachtet worden sind.

So stellen die Kirchenbücher bis in die Gegenwart hinein einen Datenschatz und eine wahre Fundgrube zur Erkundung der Familiengeschichte dar. Die Bombenangriffe der Alliierten im letzten Krieg und die Vertreibung aus den Ostgebieten können allerdings dazu geführt haben, dass manche dieser Schätze vernichtet worden sind. Andererseits ist bekannt, dass Nachfolgestaaten wie Polen durchaus sorgsam mit solchen Urkunden umgegangen sind und sie an entsprechenden Orten aufbewahrt haben.

Neben diesen Kirchenbucheinträgen helfen uns auch alte Listen von Volkszählungen weiter, die in Einzelfällen als große Kostbarkeiten auf unsere Zeit gekommen sind, so in unserm Fall insbesondere auch Listen aus Mecklenburg und Lübeck aus dem 19. und 20. Jh.

Familienforschung – ausnahmsweise ein brauchbares Erbe der Nazis

Ideologische Zwänge waren es, die seit Hitlers Machtergreifung im Jahr 1933 immer mehr Menschen in Deutschland nötigten, sich mit dem eigenen Stammbaum zu befassen, war doch ADOLF HITLER aufgrund seiner verquasten Rassenlehre darauf aus, jeden jüdischen Einfluss aus dem Leben und der weiteren Entwicklung in Deutschland auszuschalten. Auch wenn an eine Vernichtung dieses

Volkes der Juden zu dieser Zeit noch nicht gedacht war, so sollten doch Gesetze verhindern, dass Juden in Deutschland etwa als Beamte oder Angestellte im öffentlichen Dienst beschäftigt oder als Ärzte, Juristen oder Wissenschaftler tätig wurden oder sich mit „rassereinen" Deutschen verheirateten.

Immer mehr Deutsche, schließlich sogar Oberschüler und Studenten, sollten deshalb einen „Ariernachweis" erbringen. Das bedeutete, sie mussten sich sieben beglaubigte Geburts- oder Taufurkunden und drei Heiratsurkunden bis hin zu den Großeltern besorgen und vorlegen. So sollte sichergestellt werden, dass keiner der Angehörigen der letzten drei Generationen jüdischer Religionszugehörigkeit war. Statt der Urkunden konnte auch, wie in unserm Fall, eine beglaubigte Ahnentafel oder ein „Ahnenpass" vorgelegt werden. Wer in die Nazipartei NSDAP aufgenommen werden wollte, mussten seine „rein arische" Abstammung auch für die noch weiter zurückliegenden Generationen bis zurück zum Beginn des 19. Jh. nachweisen; wer zur „Elitetruppe" der SS wollte, musste im „großen Ariernachweis" seine Vorfahren sogar bis zum Jahr 1750 aufzählen. Es ist eine Ironie der Geschichte, dass ausgerechnet die Kirchen, denen manche Nazis kritisch gegenüberstanden, als glaubwürdigste Quelle für den „Ariernachweis" galten.

Unsere Eltern damals empfanden diesen Zwang zur Beschäftigung mit den Vorfahren nicht als Zumutung oder als Training zum Antisemitismus, sondern als spannende Begegnung mit den Wurzeln ihrer eigenen Vergangenheit. Es wurde für sie fast ein sportliches Abenteuer, soweit wie möglich auch noch hinter die nächstliegenden drei Generationen zurückzufragen und die Geburts- und Wohnorte dieser Vorfahren auch möglichst der Beurkundung und Anschauung wegen aufzusuchen.

Und auch für uns heute haben diese Zwangsnachweise ungewollt ihr Gutes. Sie geben dem neugierigen Familienforscher tiefe Einblicke in das Leben seiner Ahnen und haben, wie wir auch beim Tägert'schen Stammbaum noch sehen werden, einen großen volkskundlichen Wert für das Verständnis der seinerzeitigen Lebensumstände.

Von Osnabrück bis zur Ostsee: LUDWIG TÄGERT auf Spurensuche nach seinen Vorfahren im Jahr 1936

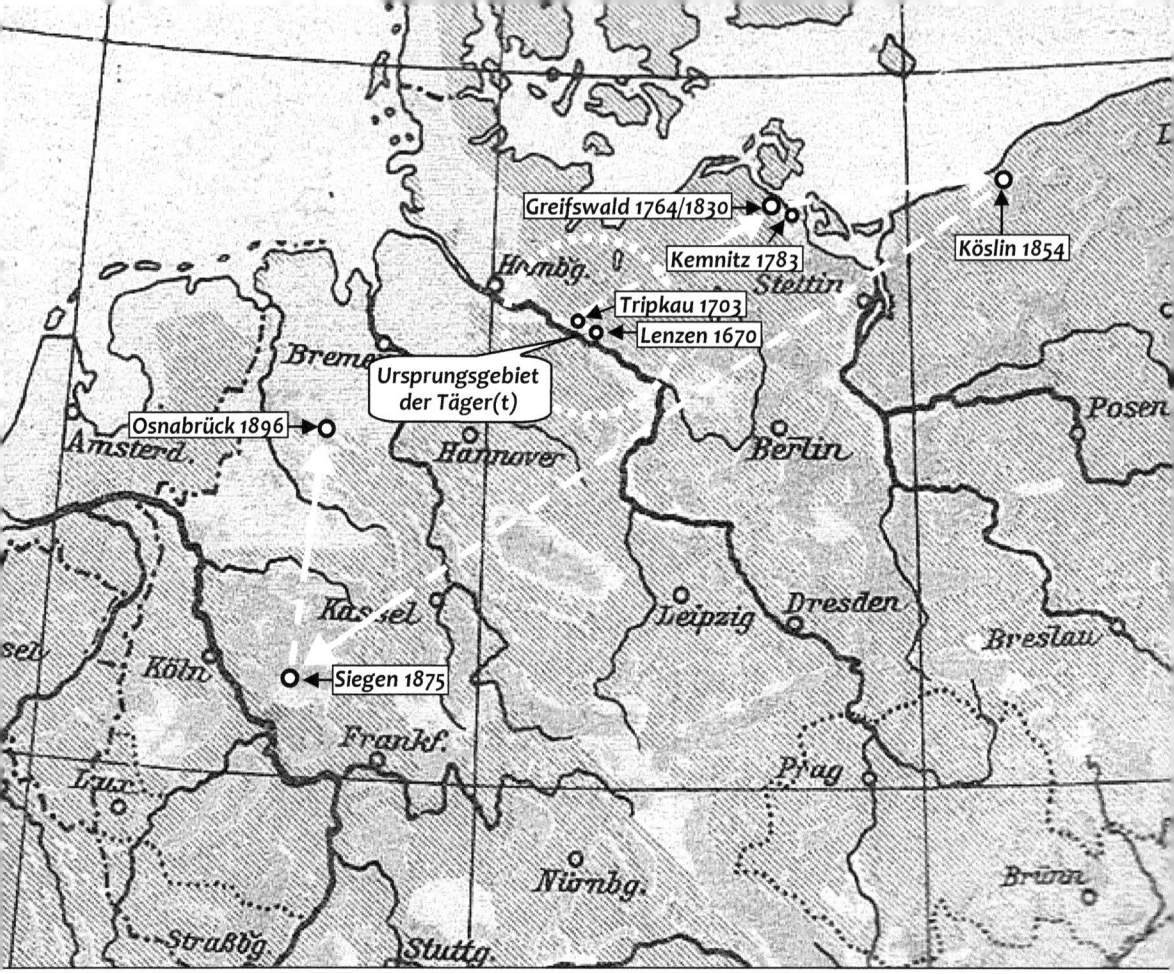

Deutschlandreise 1936 auf der Suche nach den Vorfahren: Die Wanderung der Täger(t) im 17.–19. Jh.

Spannende erste Erkenntnisse über die Schreibung des Namens „TAEGERT" und seine Wurzeln

So macht sich auch LUDWIG TÄGERT im Jahr 1936 aus seiner Heimatstadt OSNABRÜCK auf, um nach den Spuren seiner Vorfahren zu suchen. Er ortet sie, nach einer Zwischenstation im westfälischen SIEGEN, dem langjährigen Wirkungsort seines Großvaters Dr. JOACHIM CHRISTOPH WILHELM TÄGERT (*9.12.1830 in GREIFSWALD, +25.11.1903 in SIEGEN) vor allem im Bereich um GREIFSWALD in Pommern diesseits der Oder und von dort weiter zurückgehend im Raum der unteren Elbe in TRIPKAU und LENZEN. So kommen auf seiner spannenden Reise rasch manche wichtige Tatsache heraus:

**Erstens: ein Name
– mehrere Schreibungen.**

Den Namen „TAEGERT" gibt es in verschiedenen Schreibungen, die aber möglicherweise alle auf den gleichen Urahn *„TÄGER, Schaffmeister zu Lenzen"* zurückgehen. Er ist dort wohl um oder vor

1670 geboren, also in der Generation nach dem schlimmen 30-jährigen Krieg.

Zweitens: ein gemeinsamer Vorfahr.

Alle verstorbenen und heute lebenden „TÄGERT" und „TAEGERT" kommen wohl aus demselben Stammbaum dieses gemeinsamen Urahnen.

Drittens: abweichende Schreibung des Umlauts ab 1902.

Die unterschiedliche Schreibung von „TÄGERT" und „TAEGERT" erscheint erstmals 1902 bei der Geburt von WERNER ALFRED TAEGERT, dem einzigen Sohn von WILHELM TÄGERT, welcher der Bruder meines Großvaters FRIEDRICH TÄGERT und Vizeadmiral der kaiserlichen Kriegsmarine war. Nur Werners älterer Sohn SVEN schrieb sich später „TAEGERT"; dessen einzige Tochter SILKE ist unter dem Namen „WINGSCH" verheiratet. Werners jüngerer Sohn MICHAEL und dessen Kinder und Enkel schreiben sich „TÄGERT", ebenso die Nachfahren des anderen Bruders KARL, der zu Ende des Ersten Weltkrieges noch Konteradmiral dieser Marine wurde.

Unsere Linie, die sich von FRIEDRICH TÄGERT, dem ältesten männlichen Mitglied dieser einst neunköpfigen Geschwisterschar herleitet, schreibt sich zunehmend seit 1957 mit „ae", nämlich seit ich als knapp 16-jähriger im Rathaus in HAMELN meinen ersten Personalausweis unterschreiben sollte. Als ich, wie ich es bis dahin gewohnt war, mit „ä" unterschreiben will, macht mich der Passbeamte darauf aufmerksam, dass ich aufgrund vorliegender Urkunden mit „ae" zu unterschreiben hätte. Woher er diese Information hatte, wusste ich zu diesem Zeitpunkt noch nicht, sie gefiel mir aber in meinem alterstypischen Bedürfnis, mich von den Eltern abzusetzen. Erst jetzt, bei meinen Recherchen zum dritten Band dieser Familiensaga, „Die Kima und ihr Lutz", fiel mir auf, dass bereits der Standesbeamte, der die Trauung meiner Eltern im Jahr 1939 in BAD KISSINGEN beurkundet hat, diese Schreibung ohne Mitwirken meiner Eltern „eingeführt" hat und dass daraufhin auch die Geburtsurkunden von meiner Schwester und mir vom Standesbeamten in Rosenheim mit dieser unwidersprochen Schreibung versehen wurden.

Meine Geschwister und schließlich auch unsere Mutter sind mir bei dieser neuen Schreibung zunächst kritiklos gefolgt, obwohl sie nicht authentisch ist (s.u.). Für ihre Beerdigung hat aber unsere Mutter dann im Verlauf eines Gesprächs mit mir verfügt, dass wir auf ihrem Grabstein die gleiche Schreibung verwenden sollten, wie beim Namen ihres Mannes, nämlich das „ä".

Viertens: Ursprünglich ohne „t" am Namensende.

Das Schluss-„t" bei den Namen „TÄGERT" und „TAEGERT" gibt es erst seit dem Jahr 1806, es ist wahrscheinlich ein zufälliges Anhängsel durch einen unaufmerksamen Greifswalder Schreiber, das sich aber verfestigt hat. Angeblich, so will mein Vater damals herausgefunden haben, hätten sich in der Liste weiter oben Namen wie „Seegert" befunden, deren Schreibung mit dem „t" am Ende der Beamte versehentlich übernommen hätte. Dieses „t" findet sich nur bei der Linie unseres einen Vorfahren, des Küsters von St. Nicolai in GREIFSWALD und Lehrers an der dortigen Bürgerschule PAUL HINRICH FRIEDRICH TÄGERT (*1806-1840), es hat über diesen Zufall hinaus eigentlich keine Bedeutung, außer dass es die These 2 erhärtet und uns klarmacht, dass alle Menschen TÄGERT/TAEGERT miteinander verwandt sind.

Fünftens: Ursprünglich mit „ä"
Die Schreibung mit dem Umlaut „ä" im Namen „TÄGER" ist in unserer Ahnenlinie für die Vorfahren des genannten PAUL TÄGERT die ursprüngliche und so bereits aus dem 17. Jh. überliefert. Die Schreibung mit „ae" in anderen Linien gleichen Namens „Taeger" scheint allerdings genauso alt. Also schon seit dem 30-jährigen Krieg gibt es beide Schreibungen „TÄGER" und „TAEGER" nebeneinander.

Wichtigste Folgerung: „TÄGER" ist der Ursprungsname
Wer also nach der Bedeutung des heutigen Namen „TAEGERT" sucht, muss sich in jedem Fall zunächst vom Wort „TÄGER" in genau dieser Schreibung leiten lassen. Das macht die Sache nicht einfacher, denn es gibt heute einerseits eine Menge Menschen mit diesem Namen, andererseits findet sich dieses Wort oder ähnliche Wörter in keinem nieder-, alt- oder neuhochdeutschen Wörterbuch.

Ein Name mit landschaftsbezogener Herkunft von der unteren Elbe
Um das Wort „Täger" sprachlich zuzuordnen, hilft es uns weiter, wenn wir zunächst fragen, in welchen Orten und Landschaften dieser Name *heute* vorkommt. Dabei gehen wir davon aus, dass die beiden Schreibungen des Namens TÄGER / TAEGER denselben Bedeutungshintergrund haben.

Schaut man auf die Kartenanzeige z.B. im Internet-Telefonbuch, hat man im ersten Moment den Eindruck, dass sich dieser Name TÄGER / TAEGER über ganz Deutschland verteilt. Bei näherem Zusehen ergibt sich aber folgendes differenzierteres Bild:

Von derzeit (Ende 2013) insgesamt 574 Telefonbucheinträgen entfallen 307 auf die Schreibung „TÄGER" und 267 auf „TAEGER". Die meisten (30) finden sich im Ohrekreis, heute Bördekreis, zwischen MAGDEBURG und HELMSTEDT, weitere im Bereich HELMSTEDT (19), GIFHORN (32), LÜNEBURG (28), UELZEN (5), Altmarkkreis SALZWEDEL (17), HAMBURG (9), BREMERHAVEN (5), HANNOVER (5), POTSDAM-Mittelmark (6), BERLIN (24), NORDHAUSEN (8), sowie an weiter entfernen Orten wie MÜNCHEN (6), OFFENBACH (5) oder SCHWÄBISCH HALL (10).

Der Schwerpunkt des Namens in beiden Schreibungen mit „ä" und „ae" ist also klar erkennbar **Norddeutschland zwischen der Lüneburger Heide und dem Urstromtal der unteren Elbe**. Dabei findet sich die Schreibung „TAEGER" in dieser Gegend Norddeutschlands tendenziell eher etwas nordwestlich, „TÄGER" mehr südöstlich.

Natürlich lassen sich aus dieser Verteilung des Namens nicht ohne weiteres Rückschlüsse für die Vergangenheit zie-

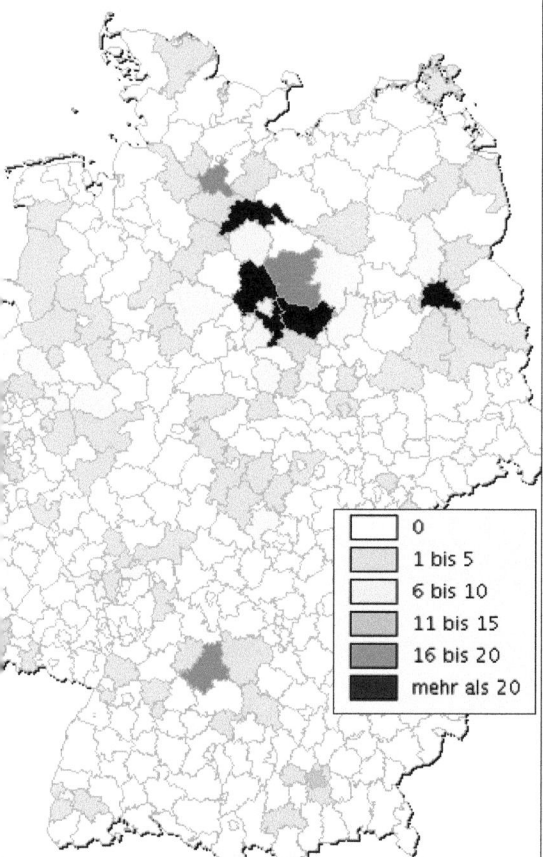

Konzentriert in Norddeutschland:
Namensverteilung „Täger" pro Landkreis

hen. Die Kriege haben die Familien, zusätzlich zu den hohen Verlusten an Menschenleben, oft auch landschaftlich tüchtig durcheinander geschüttelt und entwurzelt. Die 40 Jahre DDR-Herrschaft bis 1989 hat manchen zur Flucht und zur Preisgabe seiner Heimat genötigt. Schon immer waren Menschen auf der Suche nach besseren Lebensmöglichkeiten und wechselten den Wohnort aus beruflichen Gründen. Die geforderte Mobilität unserer Gesellschaft heute macht die Menschen vollends heimatlos.

Dennoch lässt die Häufung des Namens TÄGER/TAEGER im Bereich der unteren Elbe die Annahme zu, dass hier die Ursprungslandschaft dieser Familien gleichen und verwandten Namens zu suchen ist. Den 574 in Telefonbucheinträgen aufgefundenen Namensträgern TÄGER und TAEGER entsprechen statistisch insgesamt etwa 1.530 heute lebende Personen. Dazu kommen die 20 lebenden „TÄGERT" und 14 „TAEGERT", von denen jeweils 4 angeheiratet sind. Es ist zu vermuten, dass alle nichtangeheirateten Menschen mit diesen Namen gemeinsame Stammeltern haben, die im 17. Jh. in dieser Landschaft im Bereich der unteren Elbe gelebt haben.

Die Wanderungen des Namens „TÄGER" zwischen 18. und 19. Jh.

Wenn wir die Ergebnisse von Volkszählungen im 19. Jh. zum Vergleich mit heranziehen, werden wir auf Wanderungsbewegungen dieser Familien aufmerksam; zugleich kommt auch uns manche eher zufällige Namensveränderung ans Licht.

So ordnete der mecklenburgische Landesherr Großherzog FRIEDRICH FRANZ I. für August 1819 in seinem Großherzogtum Mecklenburg-Schwerin die erste allgemeine Volkszählung an. In seinem Land, das von der Elbe bis an das Flüsschen Recknitz bei DAMGARTEN reichte und im Westen im Bereich der unteren Elbe an das Königreich Hannover und im Osten an die preußische Provinz Pommern angrenzte, diente diese Zählung dazu, die Militärkontingente für die Zwecke des Norddeutschen Bundes genau zu ermitteln. Im Unterschied zu den späteren Volkszählungen erfasste man im Jahr 1819 auch den Geburtsort, den Grundbesitz und die Ortsanwesenheit der Einwohner. Diese detaillierte Erfassung macht die Volkszählung von 1819 auch für Familienforschung so wertvoll. Die Listen enthalten detaillierte Angaben über jeden damaligen Einwohner.

So zählen die Listen für Mecklenburg-Schwerin im Jahr 1819 den Namen „TÄGER" 17-mal auf und zeigen somit, dass Angehörige dieses Zweiges, zu dem auch unser in GREIFSWALD in Pommern geborener Vorfahr JACOB CHRISTOPHER TÄGER (1779-1845) gehört, auch diesen Raum entlang der Ostsee bewohnten. Auch die Schreibung „TAEGER" kommt in dieser Landschaft, also im nordöstlichen Teil Deutschlands, zu dieser Zeit schon vor, ist allerdings auf der genannten Zählungsliste nur einmal nachweisbar. Die meisten „TAEGER" wohnen zu der Zeit wohl noch westlich der Elbe auf Hannoverschem Gebiet um BLECKEDE, ihrem mutmaßlichen Ursprungsgebiet.

Dagegen fallen die drei abweichenden Schreibweisen TAGER (2), THAEGER (2) und TEGER (2) in den Mecklenburger Listen auf, ihre Nachfahren vermehren sich in den folgenden Jahren in Mecklenburg. Mein oben beschriebener Herleitungsversuch von „Tager", bei dem ich diese Listen noch nicht kannte, war also gar nicht so absurd, es gab diesen Familiennamen wirklich! Allerdings betrifft er nicht den Namensursprung „TÄGER", sondern ist nur eine zufällige Variante, muss also bei der weiteren Betrachtung unberücksichtigt bleiben. Ähnliche vorkommende Namensabweichungen, wie z.B. „TEGGER" und „TEGER", zeigen sich zur gleichen Zeit auch bei den Geschwistern unseres Vorfahren JACOB CHRISTOPHER TÄGER.

Sie sind wohl von den gleichlautenden älteren englischen Namen inspiriert und vielleicht eine Konzession der Handwerkerfamilie TÄGER an die „englische Mode", die genau in dieser Zeit des zweiten Drittels des 18. Jh. die französische Hofmode ablöste. Offenbar haben es die etwas oberflächlichen Schreiber mit den Namenbeurkundungen damals nicht sonderlich genau genommen!

Bei einer weiteren Volkszählung im Jahr 1867 in Mecklenburg-Schwerin, bei der beauftragte Zähler mit Haushaltslisten von Haus zu Haus gehen, um die Pflicht für steuerliche Abgaben zu erfassen, verschiebt sich das Bild. Nun erscheint der Namen TÄGER achtmal und TAEGER neunmal. Auch die „TAGER" haben sich inzwischen auf 15 Personen vermehrt. Alle diese Namensträger sind zwischen den Jahren 1814 und 1867 geboren.

Bei der nächsten Zählung im Jahr 1890 zeigt sich, dass die Zahl der TÄGER auf 43 zugenommen hat, die der TAEGER aber nur auf 17. THÄGER gibt es nun als Neuschreibung einmal und THAGER zweimal.

Bis zur Zählung im Jahr 1900 erhalten die TÄGER in Mecklenburg noch einmal einen richtigen Schub: Nun gibt es schon 104 dieser Namensträger. Aber auch die TAEGER sind inzwischen auf 68 gewachsen. Auch die Abweichungen in der Schreibung nehmen zu: TEGER gibt es nun 5, dazu 1 TEGAR, 2 THEGAR, 16 THÄGER und 1 THAGER.

Interessant ist auch der Vergleich mit damaligen Zählungen im Gebiet der Hansestadt LÜBECK. Während es dort im Jahr 1805 erst einen TEGER gibt, der als Zimmermannsgeselle arbeitet, sind es bei der Zählung im Jahr 1871 bereits 14 TÄGER, immerhin 8 TAGER, und, als ungewöhnliche Neukreation, nun ein „TEEGIER". Verbindungen zum Namen des schwedischen Dichters und Pfarrersohn ESAJAS TEGUER (1782-1846) drängen sich auf. Die Schweden waren lange Zeit hindurch als Landesherren sehr präsent in der mecklenburgisch-pommerschen Küstenregion. Allerdings schreiben sich die meisten schwedischen Familiennamen damals am Ende noch mit „-son". Die TEGUER sind also eingewandert oder Künstlerpseudonyme und scheiden so ebenfalls für unsere Betrachtung aus.

Ein erschütternder Schwund und die Konsequenzen für die Namensforschung

Der Erste Weltkrieg dezimiert diese Familien dann erheblich und verweht ihre Spuren in die verschiedensten Gegenden. So wird in Mecklenburg nach dem Ende des Ersten Weltkrieges und des Kaiserreiches am 8. Oktober 1919 in der neuen, demokratisch verfassten Weimarer Republik wieder eine Volkszählung durchgeführt. Nun tauchen nur noch wenige Träger des gesuchten Namens TÄGER und seiner Varianten auf den Formularen auf. Übrig sind in diesem ganzen Landstrich gerade mal 16 TÄGER, 15 TAEGER, 14 TAGER und 4 TEGER, ein Verlust von fast 75 % ! Es wäre sicher ein spannendes Forschungsprojekt, herauszufinden, was mit all den verlorenen Namensträgern wirklich passiert ist. Wer ist gefallen? Wer hat sich woanders in Deutschland ein neues Zuhause gesucht? Wer ist ausgewandert, z.B. nach England, USA, oder in ein anderes überseeisches Land, um sich ein ganz neues Leben aufzubauen?

Doch was besagt dieser Befund für unsere Namens*deutung*? Wenn der Name TÄGER trotz der Bewegungen der Geschichte so klar im Bereich Norddeutschlands zwischen Lüneburger Heide und Ostseeküste angesiedelt ist, dann bedeutet dies, dass er auch dem Sprachbereich dieser Landschaft angehört und von daher gedeutet werden muss.

Die „Benrather Linie" hilft uns weiter

Man muss also, um die Bedeutung dieses Namens zu finden, fragen: Welchen Dialekt spricht man in diesem nördlichen Streifen Deutschlands zwischen Heide, Elbe und Ostsee?

Es ist ein ausgeprägter Sprachbereich, der von den „Niederdeutschen Mundarten" geprägt ist, oder wie man auch sagt: vom „Plattdeutschen", und der nördlich der „Benrather Linie" verläuft. Diese Dialektgrenze überquert bei BENRATH in der Nähe von DÜSSELDORF den Rhein und verläuft entlang des Mittelgebirgssaums nach Osten bis FRANKFURT/Oder. Als besonders wichtig für die Deutung des TÄGER-Namens wird sich dabei die in der entsprechende Karte eingezeichnete „maken-machen-Linie" erweisen, die wir

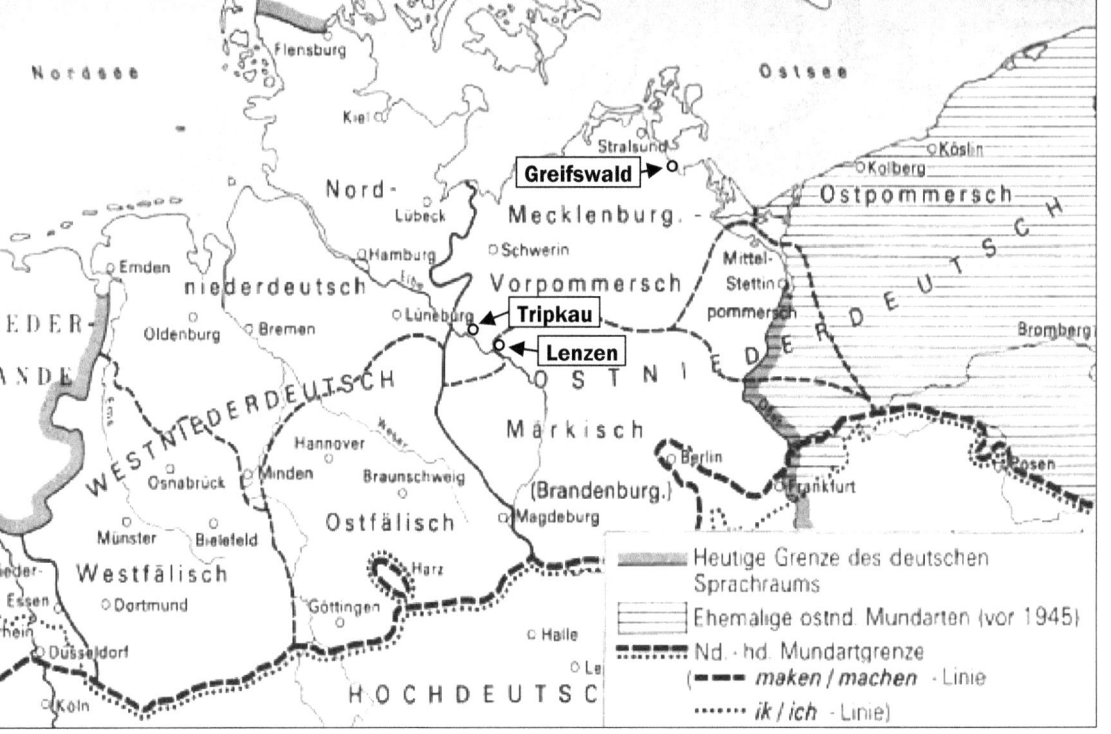

Niederdeutsch nördlich der „Benrather Linie" mit TRIPKAU diesseits der „maken-machen-Linie"
(aus: Dialektgrenzen nach Willy Sanders, Sachsensprache, Hansesprache, Plattdeutsch. Göttingen 1982)

der besonderen Aufmerksamkeit des Lesers empfehlen.

Leider ist das Plattdeutsche in seiner Alltagsverwendung heute deutlich auf dem Rückzug. Eher wird es noch von den älteren Einheimischen gesprochen. Private Anlässe, wie Gespräche im Freundes- oder Familienkreis, sind der bevorzugte Ort, wo auch in unserer Zeit noch niederdeutsche Mundarten in Gebrauch sind. Die nördlichen Kreise des Bundeslandes Brandenburg, viele Gegenden Mecklenburgs entlang der Küste, aber auch der Bereich der unteren Elbe um das Amt NEUHAUS, das für unsere Familiengeschichte noch eine spannende Rolle spielt, sind die letzten Räume.

Mein Vater LUDWIG TÄGERT, obwohl in Niedersachsen hochsprachlich aufgewachsen, war ein begeisterter Freund insbesondere des Mecklenburger Platt. Ich erinnere mich, das er uns gern aus den Geschichten von „Kasper Ohm un ick" vorlas. Die Mundart erinnerte ihn wohl an die Heimat GREIFSWALD seines 1903 verstorbenen Großvaters JOACHIM CHRISTOPH WILHELM TAEGERT, den er ja selber leider nicht mehr erleben durfte. Auch sein eigener Vater FRIEDRICH TÄGERT, der in den ersten 12 Lebensjahren in KÖSLIN in Pommern aufgewachsen ist, dürfte diesen Dialekt noch selbst verstanden und in Stunden guter Laune in der Familie gesprochen haben.

Es waren die Bücher der niederdeutschen Mundartdichter JOHN BRINCKMANN (1814-1870) und FRITZ REUTER (1810-74), die in der Greifswalder Zeit meines Urgroßvaters entstanden waren, die noch bei uns im Bücherschrank standen und die, auch in monarchischen oder den späteren Nazi-Zeiten, deutlich den demokratischen Geist der Revolution von 1848 beschworen.

Wenn LUDWIG TÄGERT von Zeit zu Zeit diese Bücher hervorholte und uns dann aus Brinckmanns Erinnerungen an die Lausbubenstreiche seiner Kindheit in ROSTOCK auf Plattdütsch vorlas, dann kullerten Tränen des verschmitzten Vergnügens über sein Gesicht. Auch Reuters satirische „Abenteuer des Entspekter Bräsig", „Ut mine Festungstid" und „Ut mine Stromtid" – das Buch, in dem REUTER seine Volontärszeit beschreibt – bewegten meinen Vater sichtlich. Mit dieser Literatur erlebte das Niederdeutsche seine letzte Renaissance und breite Beachtung. Mit Recht wurden diesen beiden Dichtern in unserer Zeit Denkmäler gesetzt.

Man muss in den Ausdrücken dieser plattdeutschen Mundart suchen, um den Namen „TÄGER" herzuleiten. Und das bedeutet, man muss sich mit den Gesetzmäßigkeiten der Lautverschiebung vertraut machen.

Namenssuche mit „Kasper Ohm" und „Entspekter Bräsig"

Alle Mundarten, die nördlich der „Benrather Linie" gesprochen werden, haben einen Teil der „Zweiten Lautverschiebung" nicht mitgemacht, die sich ab dem 7. Jh. im deutschen Sprachraum durchzusetzen begann. Sie betraf vor allem die Verschlusslaute *p, t, k,* die als Neuerung nun in der hochdeutschen „Standardsprache" und den hochdeutschen Mundarten je nach Stellung im Wort zu den „weicheren" Reibelauten *pf/f, ts/s* und *ch* „verschoben" wurden, während die alten „härteren" Laute im Niederdeutschen erhalten blieben. „Pflanzen" waren dort also weiterhin „planten", „machen" blieb „maken", und der „Zehent" als Steuer hieß „tegen", was aber ebenso „dagegen" bedeuten kann – wie hintersinnig!

Herzhafte Biedermeieridylle:
Original-Radierung aus „Kaspar Ohm und ick" 1865

Genau bei diesem letztgenannten Wort „tegen" setzen auch die bislang seriösesten Herleitungen des Namens „Täger" an. Das Deutsche Namenlexikon von HANS BAHLOW „Familien- und Vornamen nach Ursprung und Sinn erklärt" [Deutscher Bücherbund 1980, S. 499] verweist bei „TÄGER" bzw. „TÄGERT" zunächst unkorrekt auf „Tegger", – ein Name, der, wie wir sahen, in Wahrheit eine sekundäre Bildung des 19. Jh. nach dem älteren englischen „Tegger" ist, – erklärt dann aber [S. 501] weiter: *„Teege, Teegen (Hamburg), niederdeutsch, bedeutet „Zehnt" („keinen tegen geven"); vgl. lemmertege (Lämmerzehnt), desgleichen Tegge und Tegger (= Tegder)".*

An diese Deutung schließen sich auch die Stammbaumforscher der Linie der TAEGER an, die heute im Bereich der nördlichen Heide zwischen LÜNEBURG und DANNEBERG verwurzelt sind. Sie erklären, von einem angeblichen mittelhochdeutschen Ausdruck „Tegeder" ausgehend, der Name „TAEGER" habe sich hieraus entwickelt. Der Vater von CLAUS HINRICH TAEGER (1702-49), der in WENDISCHTHUN geboren ist, habe im Jahr 1667 „TAEGEDER" geheißen. Und „Taegeder" sei die Bezeichnung für jemanden, „der den Zehnten einnimmt" oder „der den Zehnten erhält".

Der „Zehent" ist seit dem Mittelalter eigentlich eine Abgabe, die dem Pfarrer für seinen Unterhalt zusteht, und den jedes Gemeindeglied nach der Größe seines Grund und Bodens in der Form von Naturalien entrichtet. Als „Pfründe" hatte sich diese Abgabe vielfach von ihrem geistlichen Zweck gelöst und zu einer Zahlung verselbstständigt, die auch verpachtet und von Händlern zu Zwecken der Geldvermehrung genutzt werden konnte. Seit der Reformationszeit wurde der Zehent in reformierten Ländern, wie der Schweiz, ganz verstaatlicht. An seiner Stelle kümmerte sich der Staat dort um den Unterhalt der Pfarrer und der Kirchen. In Deutschland hielt sich der ursprüngliche Zehent bis in das 19. Jh. und wurde dann durch Ablösezahlungen und später durch Kirchensteuern ersetzt.

Auch die „Nordseezeitung" mit dem Verlagsort BREMEN leitet in ihrer Serie über die Herkunft von Namen alle Familiennamen TAEGER, TÄGER oder TÄGERT von einem niederdeutschen Wort für „Zehnt" (teghede) ab.

Tatsächlich gibt es Namen mit vergleichbarer Lautfolge, wie z.B. TAEGEDER. Ob sie allerdings wirklich für die Herleitung unseres Familiennamens taugen, muss überprüft werden.

Waren die TÄGER Zehent-Eintreiber?

Interessant für unsere Namensforschung ist auf jeden Fall der hier angegebene Herkunftsort dieser heutigen TAEGER. WENDISCHTHUN ist der östlich der Elbe gelegene Ortsteil von BLECKEDE unweit von HITZACKER. Beide Orte liegen im landschaftlich reizvollen Urstromtal der Elbe mit ihren bewaldeten und bewegten Seitenmoränen. Nur 30 km südlich von WENDISCHTHUN, im Hinterland des gleichen Flusses Elbe, liegt der kleine Ort **TRIPKAU**, der zum Amt NEUHAUS gehört. Man muss ihn unterscheiden von dem 10 km Luftlinie entfernten gleichnamigen Ort TRIPKAU auf der westlichen Seite der Elbe, der nach DANNENBERG eingemeindet ist.

Hier in TRIPKAU auf der östlichen Elbeseite ist der dritte bekannte Vorfahr in der Reihe unserer Ahnen, JÜRGEN JOCHIM TÄGER (1736-1802) geboren, den man auch „Georg" nannte. Er ist dann, wie weiter unten noch genauer erzählt wird, nach GREIFSWALD ausgewandert und hat dort das Bürgerrecht erworben. Nach einer Zeit als Amtsmeister der Schuhmacher war er seit 1784 Küster in KEMNITZ bei GREIFSWALD. Er wirkte dort auch als der erste Schullehrer in der Familie. Sein Vater CASPAR CHRISTOPHER TÄGER (um 1697-1758), Sohn unseres ersten bekannten Stammvaters aus LENZEN, ist in TRIPKAU an der Elbe begraben.

Kommen wir damit zum Ort **LENZEN**. Er taucht als erster bekannter Wohnort auf der Stammtafel auf, die Ludwig Tägert nach seiner Deutschlandreise 1936 gefertigt hat. Auch LENZEN liegt in diesem Elbe-Urstromtal, noch etwa 20 km weiter südlich, sofern es sich tatsächlich um diese kleine alte Stadt direkt an der Elbe handelt, wie wir vermuten.

Es gibt zwar weitere Orte, die diesen Namen tragen; insbesondere findet sich im selben Einzugsbereich ein kleines Dörfchen namens LENZEN-KARWITZ in der Gemeinde ELBTALAUE 6 km westlich von DANNENBERG. Ein weiteres Dörfchen LENZEN in Hinterpommern östlich von STETTIN bei BELGARD, das heute unter dem Namen ŁĘCZNO zu Polen gehört, wäre zwar für kirchenhistorische Forschungen interessant, weil es dort heute noch eine alte lutherische Kirche augsburgischen Bekenntnisses inmitten des katholischen Umfeldes gibt. Doch dieser Ort muss, wie auch das LENZEN bei DANNENBERG wegen der historischen Logik der Familienereignisse, wie sie sich aus der Ahnentafel ergeben, ausscheiden.

Ist hiermit also klar, das die TÄGER und TAEGER ursprünglich von der unteren Elbe kommen und im Sprachraum des Plattdeutschen beheimatet sind, so bleibt doch zweifelhaft, ob die Herleitung von „Tegeder" richtig ist. Eine solche Berufsangabe als „Zehnteintreiber" ist wohl im Münsterland im Mittelalter um 1375/1434 für einen BERNHARD TEGHEDER bezeugt. Doch muss man bei allem Wohlwollen zugeben, dass dieser Wortlaut „Tegheder" sprachlich ziemlich weit entfernt ist vom Namen TÄGER bzw. TAEGER, sodass diese Herleitung nicht recht überzeugen will.

Auch stellt man sich einen solchen Zinseintreiber ja eher als wohlhabend vor. Es müsste wohl einer sein, der, vergleichbar dem „Zöllner" in der Bibel, – der ja in Wahrheit auch ein Steuereintreiber war –, sehr gut von seinen Einkünften leben und sich einen gehobenen Lebensstandard leisten und ihn auch vererben konnte. Die Frage ist, ob dieser gehobene soziale Status für die TÄGER der Frühzeit zutrifft.

Wir fragen deshalb: Was lässt sich über die Tätigkeit und gesellschaftliche Stellung der ersten erwähnten Namensträger TÄGER herausfinden?

2. TÄGER - der „Schaffmeister von Lenzen"

Beim ersten Namensträger, dessen Vor- und Zuname und auch Todesdatum bekannt sind, dem schon genannten CASPAR CHRISTOPHER TÄGER, wird als Vater ein *„TÄGER, Schaffmeister von Lenzen"* genannt. Er müsste wohl um das Jahr 1670 oder davor geboren und nach 1703 verstorben sein.

Lange habe ich mir über die tatsächliche Berufsausübung dieses „Schaffmeisters" wenig Gedanken gemacht. Ausgehend von dem alten Wort „Meister", das eine herausgehobene Stellung bezeichnet, habe ich mir vorgestellt, dass es sich vielleicht um eine Art Bürger- oder Handwerksmeister handelt, und habe deshalb den Ausdruck mit dem Wort „Schaffen" = „tätig sein" in Verbindung gebracht.

Tatsächlich ist aber als Basiswort das damals sehr verbreitete Kleinvieh „Schaf" gemeint. Mit ihm hat sowohl der „Schäfer", als auch der „Schafmeister" zu tun. Während aber der Schäfer als Schafhirte und damit Angehöriger des „ältesten Berufs der Menschheit" mehr am Rand der Gesellschaft steht und erst durch den christlichen Glauben und die Zuwendung Gottes zu diesem Rand interessant wird – vergleiche den Psalm 23: „Der Herr ist mein Hirte" oder die „Verkündigung an die Hirten" in der Weihnachtsgeschichte des Lukas, – nehmen die „Schafmeister" in der sozialen Hierarchie eines deutschen Ortes im 17. Jh. eine besondere Stellung ein, sie gehören zu den Verwaltungsleuten der Großgrundbesitzer. Ein Schafmeister ist meist auf einer größeren Rittergutes- und Vorwerksschäferei fest angestellt und wird in der Regel an den Erträgnissen der Schafzucht und Schafhaltung beteiligt. Wesentlich von seinem Können bei der Hege der Schafe hängt auch die Qualität der kostbaren Wolle ab. So konnte er es gelegentlich zu beachtlichem Wohlstand bringen.

Die kleine Stadt LENZEN, in der dieser Schafmeister zu Hause ist, den man hier auch „Schaffmeister" schreiben kann, liegt im schon mehrfach genannten hügeligen, grünen Urstromtal der Elbe, eingebettet zwischen den weiten Fluss-Auen am Ostufer und den bewaldeten Seitenmoränen, welche die Elbe in diesem Teil der norddeutschen Tiefebene begleiten.

LENZEN ist heute Sitz des Amtes ELBTALAUE, das zum Landkreis PRIGNITZ gehört. Hier bilden die Bundesländer Niedersachsen, Brandenburg und Mecklenburg-Vorpommern ein „Dreiländereck".

Die Gegend kam auch infolge gefährlicher Überschwemmungen durch die Elbe in die Medien, wirbt aber lieber für ihre landschaftlichen und bauhistorischen Reize. Insbesondere wurden durch die Katastrophen in der Neuzeit auch Wasserschutz-Projekte angeregt, bei denen nicht nur Deiche errichtet, sondern

Lenzen an der Unterelbe zur Zeit der frühen Täger 1654:
Hoffnungsvoller Wiederaufbau nach dem 30-jährigen Krieg

dem Fluss auch große Auen-Flächen wiedergegeben wurden. Heute ist das wirtschaftliche Leben der Gegend mitbestimmt von der Arbeit für den „Naturpark Mecklenburgisches Elbetal" und das „Biosphärenreservat Elbe-Brandenburg". Ein Trägerverbund mit dem „Bund für Umwelt und Naturschutz Deutschland" BUND als Burg-Eigner bemüht sich, die ortsprägende, uralte, noch aus wendischen Zeiten stammende Burganlage mit Leben zu füllen. So bergen die Mauern, Kammern und Säle des Gesamtprojektes „Burg Lenzen" nicht nur das „Europäische Zentrum für Auenökologie, Umweltbildung und Besucherinformation", sondern auch ein rustikales „Bio-Hotel".

Ein Blick in die **Geschichte von LENZEN** hilft uns, das Leben unserer Vorfahren dort besser zu verstehen und vielleicht auch bei der Namensdeutung noch einen Schritt voranzukommen.

LENZEN – frühe und umkämpfte Heimat unserer Väter

In der geschichtsbedeutenden „Schlacht bei LENZEN" im Jahr 929 waren die dort hausenden, aufbegehrenden slawischen Wenden vom sächsischen Herzog HEINRICH I. geschlagen und ihre befestigte Burganlage LENZEN an diesem wichtigen Elbeübergang erobert worden. Markgraf GERO hatte dann die Gegend gegen manchen Widerstand der Einheimischen christianisiert.

Sicher sind in dieser Zeit deutsche Siedler aus dem Bereich von Friesland und dem westlichen Deutschland hier in die Landschaft westlich und östlich der Elbe eingewandert. Unter diesen frühen „Ostkolonisten" sind wohl auch die Vorfahren der Familie TÄGER zu suchen, die also möglicherweise ursprünglich Friesen waren. Der Einschlag blonder, hochgewachsener Menschen mit blauen Augen reicht jedenfalls im Familientypus durch viele Generationen und wird erst im 20. Jh. von anderen Typen überlagert.

Vielleicht schon im Jahr 1150, sicher aber im Jahr 1239 erhält LENZEN Stadtrecht. Es ist zugleich Grenz- und Fährort, also Übergang wichtiger Handelsstraßen über die Elbe, und gerät so ständig in die Konflikte der benachbarten Herrschaften. Seitdem ALBRECHT DER BÄR (1100-1170), der Gründer der Mark Brandenburg und ihr erster Markgraf (von dem sich letztlich z.B. auch die späteren Bayreuther Markgrafen herleiten), seine weiteren Züge zur Eroberung der ostelbischen Gebiete unternimmt, erleidet LENZEN eine Jahrhunderte währende Geschichte, in der es an wechselnde Herrschaften verpfändet wird, so im Jahr 1190 an die EDLEN ZU PUTLITZ. Im Jahr 1336 kommt es, zusammen mit DÖMITZ, an den Grafen HEINRICH VON SCHWERIN und seine drei Vettern. Die Ortslage von LENZEN weckt immer wieder Begehrlichkeiten und lässt die Stadt auch in die Streitigkeiten der Herzöge von Mecklenburg und Pommern, von LÜNEBURG und des Erzbischofs von MAGDEBURG geraten.

Unter der Herrschaft der Bayern und Luxemburger, die aber dem Lande meist fern bleiben, erlebt LENZEN geradezu chaotische Zustände eines überhand nehmenden Fehdewesens. Raubritter, wie CUNO und NIKOLAUS VON QUITZOW, belagern die Landstraßen, plündern Reisende aus, rauben Viehherden und dringen von LENZEN aus weit in die Nachbargebiete ein. Eines Tages wird sogar der Domherr von Schwerin, FRIEDRICH JUNGE, auf offener Straße überfallen und auf die Burg LENZEN verschleppt, wo er qualvoll stirbt, weil man das geforderte Lösegeld nicht zahlen kann.

Im Jahre 1396 rückt ALBRECHT VON MECKLENBURG zu einer Strafaktion mit einem ‚großem Heer vor die Stadt, zerstört die Burg LENZEN bis auf den Turm und lässt die gefangenen Raubritter „Urfehde schwören". Sie sollen sich in einem Vertrag eidlich verpflichten, in

Raubritterburg Lenzen/Elbe, mit Steg an der Löcknitz: Historische Aufnahme 1909

Zukunft auf Fehden zu verzichten; jeder Vertragsbruch soll als Meineid schwer bestraft werden.

Im 15. Jahrhundert wird dann der Hohenzoller Burggraf FRIEDRICH VON NÜRNBERG Statthalter der Mark. Die alten Raubritter verweigern ihm aber den Gehorsam; sie werden dann mit Gewaltandrohung gezwungen, die Stadt LENZEN und das Umland an den Nürnberger Burggrafen auszuhändigen. Doch sie kommen wieder an die Macht und geben LENZEN von Hand zu Hand weiter. Land und Leute, Vieh und alles private Besitztum ist nun zur Handelsware für die Herrscher geworden. Um ihren Lebensstandard zu sichern, benötigen diese Herren ständig neues Geld und pressen es den Bürgern nach allen Regeln der Kunst ab.

Ein zäher und eigenwilliger Volksstamm im Widerstand

Eine gewisse Widerborstigkeit und Zähigkeit ist diesem Volksstamm um LENZEN seitdem durch die leidvollen Erfahrungen dieser umkämpften Geschichte zueigen. Sie haben sich daran gewöhnt, fremden Herren zu dienen, ohne dabei ihr eigenes Wesen zu verleugnen. Die Folgen dieser Charakterfestigkeit zeigen sich bald.

Nachdem Kurfürst JOACHIM I. VON BRANDENBURG dem Raubritterunwesen endgültig den Garaus bereitet hat, sind doch dem Adel allerhand Vorrechte belassen worden, so auch für üppiges Essen und Trinken auf Kosten der übrigen Bevölkerung, beim Gerichtswesen und hinsichtlich ihrer Steuerrechte. Insbesondere den Bauern sind diese Adelsprivilegien eine Last; sie nehmen in der Reformationszeit Luthers Botschaft von der „Freiheit eines Christenmenschen" beim Wort und erheben sich in Aufständen gegen den Adel.

Die aufständischen Lenzer Bauern weigern sich, für die Aristokraten länger Hof- und Spanndienste zu leisten und ihnen Naturalgaben abzuliefern. Die Lenzer Elbe-Fischer wollen statt der bisherigen Gebühren die Hälfte des Ertrages behalten und auch die sogenannten "Herrenfische", wie Hechte, lieber selber verwerten, anstatt sie abzuliefern. Im kritischen Jahr 1525 drohen die Rebellen schließlich damit, die wieder errichtete Burg Lenzen zu vernichten.

Doch der Adel ist waffentechnisch überlegen und triumphiert über die Aufständischen. Überall wird blutiges Gericht gehalten. Der Stadt Lenzen, die dem Anliegen der Bauern ein offenes Ohr geliehen hat, werden zur Bestrafung ein Drittel der Gerichtsrechte genommen; sie müssen später teuer zurückgekauft werden.

Weitaus schlimmer gestaltet sich rd. 100 Jahre später der Dreißigjährige Krieg mit seinen Folgen. Es ist hier wie an vielen anderen Orten in Deutschland: Heerführer aller Couleur plündern die Bürger aus und besetzen ihre Häuser und Grundstücke.

Am 15. Oktober 1638 rücken die protestantischen Schweden in LENZEN ein. Sie hausen so entsetzlich, dass die Einwohner in die nahegelegenen Eichenwälder, nach dem Elbwerder und in die Kuhblank flüchten, wo sie – in Erdhöhlen hausend – ihr Leben notdürftig fristen und sich von Eichelbrot ernähren. Der Kantor JOHANNES LAMPRECHT und sieben Bürgersöhne, die den Schweden mutig das geraubte Vieh wieder abjagen wollen, werden auf der Jageler Feldmark erschlagen.

Schließlich ist nichts mehr da, um die Raubgier der Soldaten zu befriedigen. Da martern die Soldaten fünfzig Stadteinwohner auf grausame Art zu Tode und stecken am 8. November wütend die Stadt in Brand, wobei 56 Häuser und viele Scheunen und Ställe eingeäschert werden. 25 Kinder sollen die Soldaten in die Flammen geworfen haben. Die Einwohnerzahl sinkt drastisch um 90% von vorher 3.000 auf nur noch 300. Die Felder ringsum bleiben lange Zeit hindurch unbebaut, einige Dörfer der Umgebung verschwinden ganz von der Landkarte. *[Bericht nach Arthur Grünberg, Das tausendjährige Lenzen].*

Dies also ist die bittere Zeit der Eltern und Großeltern unseres ersten namentlich bekannten Ahnherrn TÄGER. Sie sind aber zum Glück wenigstens mit dem Leben davongekommen und blicken nun, nachdem endlich Frieden in Sicht ist, besorgt aber doch zugleich hoffnungsvoll in die Zukunft. Ihr Kind und Erbe lässt sie alle Kraft zusammennehmen.

Neustart aus dem Elend des 30-jährigen Krieges

Die TÄGER sind aber nun auf jeden Fall arme Leute, die ganz von vorn und ganz unten anfangen müssen. Ob sie vorher wirklich begütert waren, lässt sich nicht beweiskräftig sagen, muss aber aufgrund mancher Indizien, über die noch zu sprechen sein wird, bezweifelt werden. Auf jeden Fall waren sie aber aufgrund ihrer früheren Lebenspraxis mit Verantwortungsbewusstsein und Fleiß ausgestattet und kannten sich mit der Hege und Pflege von Kleinvieh aus.

Den Beruf des „Schafmeisters" konnte man regelrecht erlernen; der angehende Lehrling wurde „Meisterknecht" genannt. Typisch für die Schafmeister ist aber die „Berufstreue", das heißt, die Familien gaben ihr Erfahrungswissen bevorzugt innerhalb der eigenen Familie von Generation zu Generation weiter. Sie ähnelten darin vielen anderen damaligen Handwerkern, wie den Müllern, Schmieden oder Hammerwerksleuten, die ebenfalls ihre Geschäftsgeheimnisse hüteten und als Familien zusammenhielten. Dabei waren sie bestrebt, sich aus meist einfachen Anfängen in höhere Stellungen emporzuarbeiten.

So muss man auch den Schafmeister vom Gemeindehirten unterscheiden. Der einfache Schafhirt, in machen Gegenden auch „Hutmann" genannt, hütete die Herden der Besitzenden: der Gutsbesitzer, der „Hufner" und der „Gärtner". Er wohnte gewöhnlich im bescheidenen „Hirthaus", das ihm die Gemeinde zur Verfügung stellte. Solche Gemeindehirthäuser, wie sie in manchen Orten erhalten geblieben sind, gehören kurioserweise heute zu den begehrten Nostalgiedomizilen von bessergestellten Individualisten. Damals bezeichnen Hirthäuser die Armut dessen, der keinen eigenen Besitz hat. Er wohnte stattdessen in diesem „Gmaahirthaus", wie es heute noch in Franken heißt, oder reihum bei den Bauern, die jeweils mit der „Hirtenzeche", also dem Unterhalt des Hirten, dran waren.

Die Schafmeister dagegen gehörten zu den „Häuslern" bzw. „Kötnern", also denen, die wenigstens ein kleines Haus ihr Eigen nennen können (vergl. ergänzend dazu weiter unten die Informationen über den „Kötner" CASPAR CHRISTOPHER TÄGER).

Die TÄGER wohnen, so darf man also annehmen, auch nach der Katastrophe des 30-jährigen Krieges am wieder aufgebauten Ort LENZEN in einer eigenen „Kotte". Freilich besitzen sie zu dieser Zeit wohl kaum eigenes Land, sowie nur wenig oder kein eigenes Vieh, insbesondere kein Pferd und auch keinen Arbeitsochsen. Nachdem der soziale Status im Ort damals vom Besitz abhängt, rangieren sie im Stand unterhalb von denen, die wenigstens ein bisschen Land besitzen, den „Viertelbauern". Der überwiegende Teil der Ländereien ist seit dem 16. Jh. unter den größeren Bauern aufgeteilt, den Großgrundbesitzern, den „Hufnern" – die man auch „Pferdner", nannte, weil sie eigene Gespannpferde hatten – und den „Gärtnern", das waren die Bauern, die „mit eigenen Händen fronten".

So bleiben den „Häuslern" als Erwerbsmöglichkeiten nur das Kleinhandwerk, das Dienstbotenwesen, der Tagelohn (vergl. dazu oben die verworfene Namensableitung „Tager"), das Amt des Kantors und Schullehrers oder das Hirtenamt übrig, in dem man es aber immerhin, wie gezeigt, zum Schafmeister bringen kann. Ihr Besitz eines eigenen Häuschens zeigt bereits einen gewissen sozialen Aufstieg an. Andererseits werden Häusler aufgrund ihrer schwachen sozialen Stellung meist überproportional mit Abgaben belastet.

Außerdem sind die Grenzen zwischen den einzelnen Schichten und Ständen durch Jahrhunderte ziemlich undurchlässig. Jeder Versuch, nach oben zu gelangen, ist mühsam und erfordert viel Zähigkeit, Geschick und Menschenkenntnis. Man muss mit Vorgesetzten und Begüterten zurechtkommen. Doch in LENZEN stehen die Chancen zum Aufstieg in dieser Zeit unmittelbar nach dem Ende des 30-jährigen Krieges gut. Die Stadt erlebt eine Aufbauphase, die viele Kräfte freisetzt und vielen bislang Ärmeren eine Chance gibt.

Das ist ein guter Zeitpunkt, um innezuhalten und einen weiteren Versuch zur Deutung des Namens TÄGER zu wagen.

Der mühsame Aufstieg der „Tropfhäusler"

Wir können uns also vorstellen, dass diese Schafmeister-Familie nun in der allgemeinen Erholungszeit nach diesem schlimmsten Krieg, der Deutschland bis dahin betroffen hat, dabei ist, neu Fuß zu fassen. Aus armseligen Verhältnissen arbeitet sie sich vom Rand der Gesellschaft her allmählich in die Mitte empor. Da darf man natürlich fragen, was diese Leute denn wohl *vorher* gemacht haben.

Bedenkt man die scharfen Schranken zwischen den Schichten, so erscheint es eher als unwahrscheinlich, dass sie vor dem Krieg mehr begütert waren und vielleicht erst durch die Folgen dieses Krieges abgestiegen sind. Vielmehr ist es so, dass der 30-jährige Krieg die Besitzenden eher reich gemacht hat, zumindest wenn sie auf der „richtigen" Seite standen, die Ärmeren aber ärmer. Insofern scheidet wohl auch die Namensherleitung von den Steuereinnehmern „tedgheder usw." aus, die oft ihren Status retten und sich ihren neuen Herren andienen konnten.

Eher ist es umgekehrt so, dass die Familie TÄGER aus einstiger Armut kommt und sich nun im langwierigen und mühseligen Prozess nach oben befindet, an dem sie nun weiter zäh festhalten will. So könnten die TÄGER also vor dem Beginn ihres „Familienbetriebes der Schafmeister" selber Schäfer gewesen sein. Gehörten sie damit zu denen, die kein eigenes Dach über dem Kopf hatten?

Unterhalb der sozialen Schicht der „Häusler" gibt es durch die Jahrhunderte in den Orten noch eine weitere Einwohnerschaft mit bescheidenem Hausbesitz. In Franken spricht man vom „Tripfhäusler", in anderen Gegenden vom „Tropfhäusler". Der Ausdruck spricht sehr anschaulich den Zustand aus, in dem sich das Haus und seine Bewohner befand: Das Grün um ein solches Häuschen reicht nicht viel weiter, als die Tropfen, die der Regen vom Dach herabfließen ließ. Das wenige Gras, das hier gedeihen kann, reicht gerade aus, um eine Ziege darauf zu weiden.

Es spricht manches dafür, dass die TÄGERS zwar arm waren, aber doch schon in dieser frühen Zeit vor dem 30-jährigen Krieg, also um 1600, ein kleines eigenes Häuschen mit ein bisschen Grün drumherum besaßen, dazu ihre Ziege für etwas Milch und Käse, und dass sie sich bemühten, mit einfachem Handwerk und tageweiser Arbeit bei Bessergestellten ihren Lebensunterhalt zu verdienen.

Die weibliche „Geiß", auf fränkisch „Gaas", die erst seit Luthers Bibelübersetzung als „Ziege" in die deutschen Umgangssprache gekommen ist, weidet auf dem schmalen Grünstreifen um das Haus; sie ist damit das Kennzeichen der armen Leute, mancherorts noch weit bis in das 19. oder sogar 20. Jh. hinein. Diese Menschen haben weniger, als der viel besungene „Hans Spielmann", der zumindest „eine einzige Kuh" besitzt.

Die Weidenberger, zu denen wir kirchlich durch unsern Wohnsitz gehören und deren jüngere Geschichte ich gegenwärtig ebenfalls untersuche (die Buchreihe „Myrten für Dornen" über die Zeit von 1919–49 in diesem Ort mitsamt ihrer Vorgeschichte soll ab 2016 herauskommen) werden mit einem Spottnamen noch heute „Gaasla" genannt; bei ihnen war die Armut noch bis zum Beginn des 20. Jh. so verbreitet, dass ihr Ruf durch diese eine oder zwei Ziegen definiert war, die sie besaßen.

Der Umgang mit Tieren als Namensgeber und Statusanzeiger

Familiennamen haben sich in Deutschland erst ab dem 13. Jh. ausgebildet, hatten aber bis ins 18. Jh. hinein nur untergeordnete Bedeutung; mehr Gewicht hatte bis dahin stets der Vorname. Aber im 15. Jh. war zumindest in Städten bereits die Verwendung fester Familiennamen üblich. Mitte des 16. Jh. werden auch die TÄGER ihren Namen erhalten haben. Solche Namen wurden vom Vornamen des Vaters oder der Mutter, von Eigenschaften der Person oder ihrer beruflichen Tätigkeit, von Orten oder Besonderheiten der Wohnstätte hergeleitet.

Gehen wir also davon aus, dass die TÄGER vor ihrem mühsamen Weg in die Mitte der Bürgergesellschaft einst ebenfalls „Tropfhäusler" waren und dass sie eine oder zwei Ziegen besaßen. Wie würde man so jemanden nennen, der mit Ziegen umgeht?

Es gibt ja viele Namensbildungen von Familien, deren Vorfahren beruflich einst mit Tieren umgingen, wie etwa den Namen „Schäfer". Die weite Verbreitung dieses Namens macht deutlich, wie groß die Zahl derer war, die zu diesen Angehörigen der Unterschicht gehört.

Analog zur Wortbildung „SCHÄFER" für einen der mit Schafen umgeht, gibt es, natürlich entsprechend seltener, auch den „OCHSNER", der mit Ochsen zu tun hat, oder den „PFERDNER", der mit Pferden umgeht. Ja, es gibt sogar „ENTNER" usw. Die angehängte Endsilbe „-er" verwandelt nach den Wortbildungsgesetzen der deutschen Sprache ein Ausgangsobjekt, in diesem Fall also ein Tier, zu einem neuen Subjekt, in unserm Fall also zu einer Person, die mit solch einem Tier umgeht.

Die Ziege: Noch in Wilhelm Busch's Zeiten alltägliches Kennzeichen der Armut

Wie würde man dann also jemanden nennen, der mit Ziegen umgeht? Man würde ihn „ZIEGER" oder auch „ZIEGNER" nennen. Ein Blick ins Telefonbuch beweist uns, dass es tatsächlich etliche Inhaber dieser Nachnamen gibt.

Der soziale Status dieser Personen, in deren Namen sich der Umgang mit Tieren widerspiegelt, war aber sehr unterschiedlich, er richtete sich ursprünglich nach der Bedeutung, die ihr Tier im normalen täglichen Leben hatte.

So gab es damals viele Schafe und große Herden; sie gehörten nicht den Armen, sondern waren Spekulationsobjekte der Wohlhabenden, denn ihre Produkte, wie Wolle, Milch oder Fleisch waren als Handelsware sehr begehrt und konnten auf großen Märkten feilgeboten werden. Sie spülten so den Eigentümern viel Geld in den Beutel. Die Schäfer dagegen gehörten zu den Armen. Sie hatten zwar große Verantwortung, doch sie waren abhängig Beschäftigte. Für einen bescheidenen Lohn weideten sie die Herden der Herren, deshalb war ihr sozialer Status niedrig. Wie wir sahen, hatten sie oft nicht einmal ein eigenes Dach über dem Kopf, er gehörte also zum unteren Rand der Gesellschaft.

Ein „Pferdner" dagegen, der mit solchen sehr kostbaren Tieren umging, wie es die Pferde damals waren, hatte einen hohen Status. Er konnte seine Tiere zu Spanndiensten einsetzen oder sie dem Adligen sogar für seine Kriege zur Verfügung stellen. Die Fläche, die ein Pferdner mit dem Pflug beackern konnte, war viel größer, als die, welche der „Ochsner" in der gleichen Zeit schafft, und natürlich noch viel größer, als wenn die Armen mit Muskelkraft ihren Pflug selber ziehen mussten. Entsprechend weit oben rangierte dieser „Pferdner" also als Gutsbesitzer oder gut gestellter Bauer in der Ortshierarchie, während die Stufe direkt unter ihm der schon genannte „Gärtner", der das Feld händisch bearbeitete, bzw. der „Hintersasse" einnahm.

Von der Ziege zur „Teege"

Alle diese Namensbildungen und noch viel mehr aus Tiernamen abgeleitete Familiennamen gibt es tatsächlich in großer Zahl. So findet man allein 1.316 Telefonanschlüsse unter dem uns hier besonders interessierenden Namen „ZIEGER" und damit etwa die gleiche Anzahl, wie die TÄGER und TAEGER zusammen. Der „Zieger" ist also einer, der mit Ziegen umgeht und den es auch wirklich einmal gegeben hat. Dieser Umgang mit Ziegen kann z.B. in der Weise geschehen sein, dass er Ziegenkäse gewonnen hat, um ihn zu vermarkten. Von diesem Handwerk leiten jedenfalls die ZIEGER heute gern ihren Namen ab.

Nun ist aber dieser Ausdruck „Ziege" für Geiß, der in Franken seien Ursprung hat, im Mittelalter in alle Himmelsrichtungen und dabei auch nach Norden gewandert; durch Luthers Bibelübersetzung war diese „Ziege" zum Allgemeingut in der deutschen Hochsprache geworden. Auch in Niederdeutschland, also im Sprachgebiet nördlich der oben genannten und gezeigten „Benrather Linie", hatte sich damals dieser neue Ausdruck in etlichen Gegenden durchgesetzt.

Nun muss man sich aber bewusst machen, dass dieser weiche Anlaut „z" der Ziege im niederdeutschen Sprachraum eigentlich nicht beheimatet ist. Dann wird sogleich auch schlüssig, dass dieser Laut in einigen dieser niederdeutschen Gegenden damals nicht angenommen wird. Es ist der Bereich der schon besprochenen „maken-machen-Linie", der sich als störrisch erweist.

In Orten nördlich dieser Linie wird das neue Wort „Ziege" mit dem dort gebräuchlichen, härteren Anlaut „t" versehen, der noch aus der Zeit vor der zweiten Lautverschiebung stammt. „Teege" sagen deshalb die Bewohner einiger im plattdeutschen Sprachraum beheimateter

Landstriche für Ziege. Wenn man die Karte (S. 22) genau betrachtet, sieht man, dass der uns hier besonders interessierende Bereich um LENZEN und TRIPKAU an der unteren Elbe mitten im Gebiet dieser „Sprachverweigerer" liegt.

Und damit sind wir mit unseren eingehenden Namensforschungen wohl am Ziel: „Teege" ist der zurückverwandelte niederdeutsche Ausdruck für „Ziege", und dieses Wort führt dann als Analogiebildung auch zu unserem Familiennamen:

Ein TÄGER/TAEGER ist einer, der mit Ziegen umgeht; es kann sein, dass er nur eine einzige besitzt oder dass er Produkte aus Ziegenmilch herstellt oder Ziegenleder verarbeitet. Er ist damit zugleich einer, der in seiner Zeit eigentlich am Rand der Gesellschaft steht, aber sich als „Tropfhäusler" auf den weiten Weg nach oben aufgemacht hat.

Dass die Zurückverwandlung des Anlautes „z" in „t" sich nicht in allen niederdeutschen Gegenden durchsetzt, sondern es an etlichen Orten auch „Zeech" oder „Zeege" heißen kann, ist klar; davon leiten sich dann Familiennamen wie „Zeeger", „Seeger" oder „Zeecher" ab. Manchmal unterscheiden sich solche Dialektausdrücke ja sogar von einem Ort zum nächsten.

Nichtsdestoweniger ist die Herleitung für die beiden Namensformen TÄGER und TAEGER von dem von MARTIN LUTHER eingeführten Begriff „Ziege", das in Norddeutschland zu „Teege" wird, ein Katzensprung und erfordert die geringste sprachliche Verbiegung. Sie passt auch zu dem Befund, dass diese Familien aus der niederdeutschen Landschaft der unteren Elbe herkommen, wo heute noch dieser Dialekt gesprochen wird.

Leider muss offen bleiben, welcher tatsächliche familiäre Zusammenhang der mit Ziegen umgehenden TÄGER mit dem oben bereits erwähnten Stammbaum der Familie „TAEGER" besteht, die praktisch zur gleichen Zeit im nur 40 km weiter nördlich an der Elbe gelegenen WENDISCHTHUN und BLECKEDE nachzuweisen sind. Die Verwandtschaft dürfte aber außer jedem Zweifel stehen und vielleicht auch beim weiteren Geschick der TÄGER damals eine Rolle gespielt haben.

II. DER MÜHSAME WEG IN DIE BÜRGERGESELLSCHAFT

1. Caspar Christopher Täger – Kötner in Tripkau

In welcher Form die TÄGER/ TAEGER mit ihren Ziegen umgehen, lassen die Lautbildungsgesetze offen. Es kann also sein, dass auch sie Ziegenkäse gemacht haben, wie die ZIEGER von sich behaupten. Manchmal glaubt man ja, sich seiner armseligen Verwandtschaft schämen zu müssen; dann versucht man sich mit der Vorstellung einer mehr handwerklichen und merkantilen Tätigkeit seiner Vorfahren zu trösten. Es ist auch möglich, dass sie die Häute ihrer Tiere gegerbt und weiter verarbeitet haben, zu Jacken, Hosen, Taschen oder weichen Schuhen. Immerhin wird der Enkel JÜRGEN JOCHIM TÄGER als „Amtsmeister" der Schuhmacher genannt. Es ist sehr wahrscheinlich, dass dieser Enkel sein Handwerk schon von den Eltern und Großeltern erlernt und geerbt hat. Damit wären sie gesellschaftlich also schon „etwas Besseres" gewesen.

Tropfhäusler dürfen den Kopf nicht hängen lassen

Es kann aber durchaus auch sein, dass die TÄGER, wie schon gesagt, wirklich zu den „Tropfhäuslern" gehört haben, die nur eine oder zwei Ziegen als Eigentum hatten und den Regen vom Hausdach bewusst aufs kostbare Gras für ihre Ziegen tropfen lassen mussten. Dann können sie einem trotzdem imponieren. Denn es zeigt sich ja, dass diese ursprünglich arme Familie den Kopf nicht hängen lässt, sondern sich Ziele für die Verbesserung ihrer Lebensumstände setzt, wie anfangs vom ziegenbesitzenden Teeger zum Schafmeister. Der Weg nach oben ist weit, doch manchmal eröffnen sich unerwartet neue Chancen – auch in LENZEN.

Neue Chancen in Lenzen – und neue Katastrophen

Seit dem Jahre 1650 hat der ehemalige holländische Admiral und Gouverneur GYSELS VAN LIER, gerufen vom klugen „Großen Kurfürsten" FRIEDRICH WILHELM (1640-88), das Amt LENZEN übernommen. Und gleich hat er mit dem Wiederaufbau der Stadt begonnen. Er legt die Hamburger und Neustadtstraße großzügig neu an, bekämpft die in der Kriegsfolge herrschende Wolfsplage und ordnet an, dass wenigstens an den Winterabenden Schulstunden zu halten seien. Er regt weitsichtig an, die Dunghaufen vor den Häusern wegzufahren und auf die Felder zu karren, wo sie weitaus nützlicher seien. Zum Bau von Deichen gegen den wiederkehrenden Hochgang der Elbe holt er Ansiedler aus Holland und lässt das alte, im Krieg zerstörte Deichsystem um LENZEN neu anlegen. Alle sind optimistisch und erwarten eine blühende Zukunft

Doch kaum hat sich die Stadt auf diese Weise von den Schrecken des Dreißigjährigen Krieges einigermaßen erholt, da wird sie von einer neuen Katastrophe heimgesucht. Im Jahr 1703 bricht im Ort wieder eine Feuersbrunst aus, die nun noch mächtiger ist, als die Brandstiftung durch die Schweden im 30-jährigen Krieg. Nun brennen mit 134 Wohnhäusern und den beiden Schul- und Pfarrhäusern weite Teile des Ortes nieder; auch die Kirche und das Rathaus werden zerstört. Damit sind auch die letzten urkundlichen Unterlagen, die Auskunft geben könnten über die frühere Geschichte unserer Familie, soweit sie nicht schon dem Feuer der Schweden 65 Jahre zuvor zum Opfer gefallen sind, endgültig ein Raub der Flammen geworden. Gerade einmal 80 Häuser sind im Ort einigermaßen verschont geblieben.

Wahrscheinlich ist auch das Häuschen Familie des Schafmeisters TÄGER wiederum ein Opfer der Flammen geworden, wie schon einmal im Dreißigjährigen Krieg. Zwar wird LENZEN wieder aufgebaut und ersteht nun in barockem Glanz. Doch muss der erneute Schrecken wohl für die Familie TAEGER der Anlass gewesen sein, den Ort LENZEN endgültig

Nach dem Stadtbrand wieder aufgebaut:
Das Lenzen der Barockzeit auf einem Bild von 1936

zu verlassen und die Elbe weiter hinabzuziehen. Und auch für seinen Beruf hat der Schafmeister hier zunächst keine weitere Chance gesehen, nachdem offenbar auch das Burggut schwer in Mitleidenschaft gezogen worden und seine Zukunft ungewiss ist, für das er bislang die Verwaltung des Schafsbetriebes versah.

Der Abschied dürfte ihm nicht leicht gefallen sein. Als Schafmeister TÄGER der verbrannten Stadt den Rücken kehrt, begleitet ihn sein inzwischen 6-jähriges Söhnchen CASPAR CHRISTOPHER. Von der Frau verrät uns die Ahnentafel nichts, doch über den Sohn erfahren wir, dass er noch in LENZEN geboren ist. Hoffen wir, dass er seine Mutter noch weiter haben konnte. Sicher ist das nicht, denn wir erfahren nichts von weiteren Geschwistern, wie sie den Familien damals oft in großen Zahlen geboren wurden. Vielleicht war er nun Halbwaise.

Dieser Sohn CASPAR CHRISTOPHER wird dann später als „Köthner und Krüger zu Tribbekau" erwähnt und ist auch dort begraben. Das ist das nächste spannende Kapitel dieser Familiengeschichte.

Ein Neuanfang in Tribbekau

Der kleine idyllische Ort TRIBBEKAU, heute TRIPKAU, liegt 30 km stromabwärts von Lenzen gegenüber der Stadt HITZ-ACKER am östlichen Rand des Elbe-Urstromtals. Er hat heute rd. 250 Einwohner, aber immer noch einen Bäcker und ein Wirtshaus und gehört wie eh und je zum Amt NEUHAUS, das weitere gut 20 km stromabwärts liegt.

Der slawische Ortsname TRIPKAU erinnert an die ursprüngliche wendische Besiedlung. Das Flüsschen Krainke, das bei TRIPKAU entspringt, durchfließt das ganze Gebiet parallel zur Elbe und ist heute Naturschutzgebiet mit einer auenhaften Flora und reichhaltigen Fauna aus Wild und seltenen Vögeln. Wie LENZEN ist TRIPKAU Teil des „Biosphärenreservates Niedersächsische Elbtalaue".

TRIPKAU liegt zwar, wie das ganze Amt Neuhaus, auf der östlichen Seite der Elbe und ist vom Westufer bislang nur durch eine Fähre erreichbar, doch gehörte es seit jeher zum Herzogtum Sachsen-LAUENBURG und seinen Nachfolgern, dem Herzogtum BRAUNSCHWEIG-LÜNE-BURG, ab 1692 dem Kurfürstentum HANNOVER, das ab 1714 in Personalunion mit der Herrschaft über England betraut war, und ab 1815 zum Königreich HANNOVER das sich westlich der Elbe erstreckte.

Nach dem Zweiten Weltkrieg übergab die Britische Besatzungsmacht das Ge-

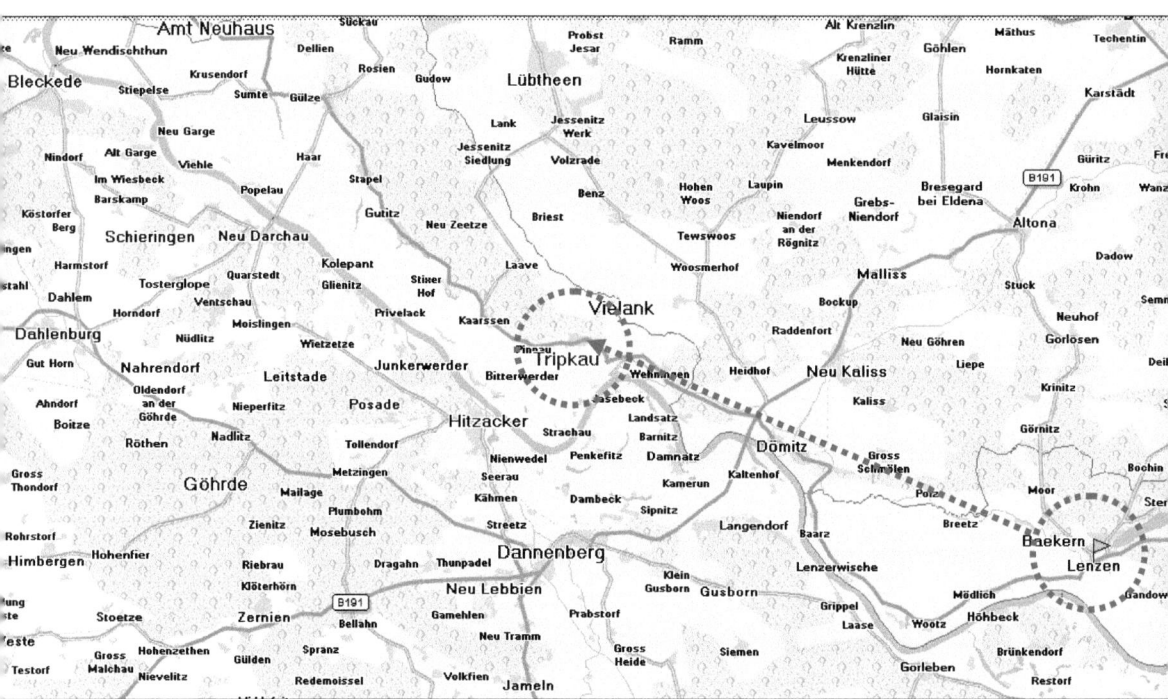

Im naturgeschützten Urstromtal der Elbe: Von LENZEN nach TRIPKAU

biet zur Verwaltung an die Sowjetischrussische Besatzung, die Dörfer wurden der DDR einverleibt und galten aus westlicher Sicht als „niedersächsisches Gebiet in der sowjetischen Zone". Die Einwohner entschieden sich aber nach dem Ende der DDR einmütig zur Rückkehr ins Bundesland Niedersachsen. Noch heute wird am Ort plattdeutsch gesprochen.

TRIPKAU ist schon früh bezeugt: 1450 als TRIPPKOUW, seit 1640 heißt es wie heute TRIPKAU, und nur um 1764 wird es kurzzeitig TRIBBEKAU genannt, so auch im Kirchenbucheintrag von CASPAR CHRISTOPHER TÄGER.

Seit dem Jahr 1618 gibt es in Tripkau ein Kirchengebäude, das, obwohl es der evangelisch-lutherischen Gemeinde gehört, auch heute noch immer unter dem Patrozinium der Maria aus der vorreformatorischen Zeit steht. Offenbar wurde es im Dreißigjährigen Krieg schwer in Mitleidenschaft gezogen. Im Jahr 1757 wird es durch einen schlichten Fachwerkbau mit Ziegelausfachung ohne Turm ersetzt.

Die heutige originelle Form der Kirche mit Chor, Sakristei und Turm entstand durch Erweiterung des ursprünglichen Baukörpers erst im Jahr 1864. Der lichte Innenraum ist von zahlreichen Kreuzmotiven durchzogen, eine Ornamentik, die ohne jeden Vergleich in dieser oder anderen Landeskirchen ist.

Hierhin nach TRIPKAU macht sich also Schafmeister TÄGER nach der Zerstörung seines Häuschens beim Großbrand seiner Heimatstadt LENZEN im Jahr 1703 auf den Weg. Die Zukunft seines 6-jährigen Söhnchens CASPAR CHRISTOPHER liegt ihm besonders am Herzen.

In diesem kleinen Ort arbeiten seinerzeit, als die Familie TÄGER sich hier ansiedelt, einige Einwohner auch in handwerklichen Berufen, darunter ein Barbier und schon damals ein Bäcker. Beide sind für die weitere Familiengeschichte der TÄGER nicht ohne Belang.

Was den Vater bewegt hat, gerade diesen Ort als Zuflucht zu wählen, ist nicht bekannt. Es ist gut vorstellbar, dass ihn Verwandte, die es mit dem gleichen Familiennamen in diesem Bereich der unteren Elbe in größerer Zahl gibt und die von seinem Beruf wissen, auf TRIPKAU aufmerksam gemacht haben. Denn hier am Ort gibt es einen der großen Wollmärkte des neuen expandierenden Kurfürstentums HANNOVER.

Man setzt auf Qualität gegenüber den Schlesischen und anderen feinen Wollsorten und sucht Fachleute, die sich auf das Züchten und „Veredeln" der Schafe zur Gewinnung hochwertiger Wollsorten verstehen.

Wenn auch die Tierherden nicht ihm selbst gehören, sondern dem Gutsbesitzer, so hat sich der Schafmeister TÄGER aufgrund seiner langjährigen Tätigkeit als Verwalter große Erfahrung bei der Schafzucht erworben. Er rechnet sich in Tripkau wohl neue Chancen aus. Was aus diesen Träumen geworden ist, erzählt uns die Geschichte leider nicht. Ebenso wenig wissen wir, wie alt der Schafmeister geworden ist. Vielleicht konnte er die späte Heirat seines einzigen Sohnes noch miterleben.

Glückliche Heirat mit der Barbierstochter

Dieser Sohn, CASPAR CHRISTOPHER TÄGER, der noch in LENZEN um das Jahr 1697 geboren, aber dann in TRIBBEKAU aufgewachsen ist und dort sein weiteres Leben verbracht hat, hat offenbar lange Zeit gar nicht ans Heiraten gedacht. Denn er ist inzwischen bereits 39 Jahre alt, als er die gleichaltrige Witwe MARGARETA HEDWIG MEYERS, geb. ELSENER, ehelicht.

Er hat diese MARGARETA gekannt, solange er denken konnte; vielleicht haben sie in der Kindheit sogar miteinander gespielt oder gemeinsam die Gänse gehütet. Höchstwahrscheinlich sind sie zusammen in die Dorfschule von TRIBBEKAU gegangen und haben dort die Grundbegriffe des Rechnens, Schreibens und Lesens und den Lutherischen Katechismus gelernt; und sie haben viel gesungen, wie es in der Dorfschule damals so war, die der kirchliche bestellte Kantor leitete.

Doch stammte HEDWIG aus dem Haus eines Barbiers. Und diese Barbiere waren, wie die Bader, die Vorläufer unserer heutigen Ärzte und Chirurgen und gehörten auch seinerzeit der Schicht der Bessergestellten an; sie hatten mehr Geld. Leute, wie Hedwigs Vater ANDREAS FRIEDRICH ELSENER, waren schon damals im „Wellness"-Bereich tätig, sie boten Körperpflege, Wundheilung und Krankenpflege an, scherten Männerbärte und Haare, zogen Zähne, ließen Kranke zur Ader oder gaben ihnen bei Verstopfung Klistiere.

Viele dieser Anwendungen konnten sich nur die Wohlhabenderen leisten. Die Ärmeren kurierten ihre Wehwehchen mit Naturmitteln der Oma oder des Kräuterweibleins. Sie hatten mangels Behandlung meist schon in der Jugend miserable Zähne und als Erwachsene dann oft ein lückenhaftes Gebiss; sie sahen durch diese Entstellung oft abschreckend aus.

Hochzeitskirche von CHRISTOPHER TÄGER: Marienkirche zu TRIPKAU, aufgenommen von LUDWIG TÄGERT bei seiner Spurensuche 1936

Die Reicheren blieben unter sich. So war CASPAR CHRISTOPHER sicher traurig, als er mit ansehen musste, dass seine Schulfreundin HEDWIG ihrem sozialen Staus entsprechend einen Bäcker heiratete. Ein Bäcker war halt damals eine gute Partie. Er gehörte als Mitglied eines privilegierten Standes zu den Wohlhabenderen und konnte es sich auch leisten, etwas Gutes für das Gemeinwesen zu tun.

So ist es z.B. sicher kein Zufall, dass es ausgerechnet ein Bäcker ist, der genau um diese frühe Barockzeit, in den Jahren 1718/19, in unserer jetzigen Wohnsitzgemeinde KIRCHENPINGARTEN-REISLAS in der Frankenpfalz eine gute Tat für die Ortsbewohner tut. Damals gab es beunruhigende Nachrichten über ein mögliches Wiederausbrechen der Pest. Der Bäcker stiftet zwei stattliche, kostspielige Barock-Martern. Mit dem gekreuzigten Christus in der Laterne sollen sie als Votivgabe dienen gegen die Ängste der Menschen; sie Gemeinde bleibt verschont.

Der Tripkauer Bäcker HANS JOACHIM MEYERS stirbt aber bereits in jungen Jahren, wohl im oder vor dem Jahr 1735. Im folgenden Jahr hält CASPAR CHRISTOPHER TÄGER um die Hand der Witwe an. Ist es Berechnung, ist es die alte Liebe, die noch nicht erloschen ist? Darf man in diesem fortgeschrittenen Alter noch mit Nachwuchs rechnen und auf einen Stammhalter hoffen? Heute haben auch Erstgebärende mit über 40 Jahren keine Angst mehr vor einer späten Schwangerschaft, die medizinischen Kenntnisse sind weit fortgeschritten, doch damals?

Am 24. Januar 1736 geben sich die beiden in der kleinen Kirche St. Mariä zu TRIPKAU das Jawort. Gottes Segen ist ihnen hold. Im Dezember kommt ihr erster Sohn JÜRGEN JOCHIM zur Welt. Von ihm heißt es, dass man ihn auch „Georg" nannte. Der Grund dafür wird nicht genannt.

„Jürgen", ein neuer Name, der Glück signalisiert und Generationen später zur Mode wird

Nun ist es zwar so, dass „Jürgen", ähnlich wie bereits im Mittelalter der Name „Jörg", eine Nebenform des verbreiteten Vornamens „Georg" ist. Er kommt aus der griechischen Sprache und bedeutet dort so viel wie „Bauer". Als Drachentöter und „Heiliger Georg" gehört er zu den 14 Nothelfern der alten Kirche.

Doch stellt die Namensform „Jürgen" in dieser frühen Rokokozeit anscheinend ein Novum dar, das möglicherweise von der dänischen bzw. norwegischen Sprachform für Georg, „Jørgen", beeinflusst ist. Dieser neue Vorname „Jürgen" behält in der Familie TÄGER auch für lange Zeit in der Person des im Jahr 1736 geborenen JÜRGEN JOCHIM sein „Alleinstellungsmerkmal".

Erst sechs Generationen später taucht dieser Name „Jürgen" wieder im Stammbaum der inzwischen TÄGERT und TAEGERT lautenden Familie auf, nämlich seit der Mitte der 30-er Jahren des 20. Jh. In dieser Zeit ist er auch in ganz Deutschland schlagartig zum „Modenamen" geworden. Das dürfte wohl mit der staatlich verordneten Ahnenforschung zu tun haben, die viele Eltern solche alten Namen wieder neu wertschätzen ließ: Gleich drei Angehörige in den parallelen Linien unseres Stammbaumes erhalten seit dem Jahr 1938 den Namen „Jürgen". Einer von ihnen legt sich, wohl um Verwechslungen zu vermeiden, später mit Bindestrich den Namen seiner Ehefrau „STAVENOW" zu, der zugleich der Name einer kleinen Burg 30 km nordöstlich von LENZEN, dem Ursprungsort der TÄGER, am Rande des Naturparks Elbetal ist.

Die gehäufte Namensgebung von drei eng verwandten und fast gleichaltrigen „JÜRGEN TÄGERT" soll damals nach den Aussagen unserer Mutter einen regelrechten Konflikt unter den Verwandten heraufbeschworen haben. Sie sollen einander bezichtigt haben, diesen Vornamen eines TÄGER(t), den die befohlene Suche nach den arischen Ahnen nach 200 Jahren wie ein „Aha-Erlebnis" wieder ans Licht gebracht hatte, sich gegenseitig streitig gemacht zu haben. Dies kann auch der Grund dafür sein, dass sich diese drei JÜRGEN, sehr zu ihrem Bedauern, nie persönlich kennengelernt haben und überhaupt erst jetzt, im Zuge der Recherchen zu diesen Familiengeschichten, späten Kontakt zu finden versucht haben.

Es trifft aber, so können wir mit unserm Stammbaum beweisen, *nicht* zu, was Wikipedia noch immer behauptet, dass das Jahr 1848 das früheste Vorkommen dieser Vornamensform überhaupt sei und dass der Name „Jürgen" *„in älteren Jahrhunderten ... offenbar unbekannt"* war. In unserer Ahnentafel taucht er jedenfalls bereits in der ersten Hälfte des 18. Jh. auf: Am 22. Dezember 1736 wird dieser frühe Namensträger JÜRGEN JOCHIM TÄGER im Alter von 11 Monaten in der Marienkirche zu Tripkau mit diesem Namen getauft. Dieser junge Mann wird für die weitere Entwicklung der Familie einmal große Bedeutung erlangen und die entscheidenden Schritte vorwärts in die Bürgergesellschaft tun.

Es ist anzunehmen, dass sich mit der Heirat der Barbiers-Tochter und Bäckerswitwe HEDWIG der Lebensstandard der Familie TÄGER damals erheblich verbessert hat. HEDWIG bringt sowohl Anteile aus dem Erbe ihres Vaters aus dem Barbiergewerbe, als auch ihres verstorbenen Ehemannes aus der Bäckerzunft mit in die Ehe.

Diese neuen finanziellen Verhältnisse ermöglichen es, ihren einzigen Sohn JÜRGEN JOCHIM als Erwachsenen so auszustatten, dass er das abgelegene kleine Dorf TRIPKAU schließlich verlassen und an aussichtsreicherer Stätte sein Glück versuchen kann. In der bedeutenden Hanse- und Universitätsstadt GREIFSWALD wird er das Bürgerrecht erwerben und zielstrebig den Weg in die Mitte der Gesellschaft suchen. Das wird die nächste spannende Geschichte in diesem Büchlein sein.

Doch schauen wir auch in diesem Fall zunächst noch einmal zurück und fragen: Wovon mag sein Vater CASPAR CHRISTOPHER, der Sohn des Schafmeisters von LENZEN, gelebt haben, als er noch nicht verheiratet und mit Gütern gesegnet war?

Ein Schankwirt in der „Kate"

Der Stammbaum beschreibt CASPAR CHRISTOPHER TÄGER als „Kötner und Krüger zu Tribbekau".

Wie wir schon oben sahen, kennzeichnen solche Angaben nicht nur die Wohnweise, sondern auch den sozialen Status des Betreffenden. Ein „Kötner" bewohnt einen „Kotten", je nach Landschaft auch als *Koth, Kote, Köth, Kotte* oder *Kate, Katte* usw. bezeichnet. Das Wort kommt in allen drei Geschlechtern vor, wird aber heute in Form von *Kate* und *Kote* meist weiblich gebraucht, so auch für die von den finnischen Saamen abgeleitete Bezeichnung für die Feuerzelte der Pfadfinder, „die Kothe". Die grammatikalische Form von *Kotten* ist aber meist männlich: „*der* Kotten".

Dieser Ausdruck scheint sprachlich mit lat. „Casa" und deutsch „Haus", „Hütte" oder „Gaden" verwandt und meint zunächst einmal einen „umschlossenen Raum". In der Grimm'schen Sprachforschung wird die *Kotte,* wie auch die *Hütte,* von derselben Wurzel abgeleitet und auf das Flechtwerk „Korb" zurückgeführt. Gemeint ist die Bautechnik der Fachwerkhäuser,: In die offenen Gefache aus massiven Holzbalken werden Füllungen aus Rutengeflecht einsetzt, die dann meist mit Lehm verputzt werden. In dieser Form begegnen uns der Kotten im Bereich der unteren Elbe, wobei hier das Lehmgeflecht im Lauf der Zeit durch die haltbareren Ziegel abgelöst wird.

In den Märchen der Gebrüder Grimm ist so eine „Kate" ein einfaches – abwertend auch ärmliches – Haus, im Gegensatz zum festen Steinhaus, wie es sich die Bessergestellten, meist die Adligen, leisten können. Doch steht der „Kötner" als Besitzer eines eigenen Hauses, vielleicht sogar mit einem Stückchen Grund und Boden, auf jeden Fall über den „Tropfhäuslern", den „Hirthäuslern" und den „Gmaa- oder Armenhäuslern". Neben dem Wohnen, Schlafen und Kochen betreibt er in seinem Haus meist auch sein Handwerk.

So sahen wir in den Generationen zuvor die TÄGER mit Ziegen umgehen, Schafherden verwalten oder Lederartikel herstellen. Nun kommt in TRIBBEKAU erstmals (und zugleich letztmals) als Tätigkeitsmerkmal nach der Beschreibung im Kirchenbuch ein „Krüger" hinzu. Welches Handwerk übt ein Krüger aus?

Prinzipiell sind alle Namen, die auf „-er" enden, abgeleitet von Tätigkeiten, die mit dem vorangestellten Objekt zu tun haben. Also meint „Krüger" jemanden, der mit Krügen zu tun hat. Er könnte also ein Krugmacher, d.h. ein Töpfer, sein. Im Fränkischen würde man ihn „Hefner" nennen, hergeleitet vom Wort „Hafen" als Gefäß.

Doch ist im niederdeutschen Gebiet der Name „Krüger/Kröger" in den weitaus meisten Fällen mit dem mittelniederdeutschen Berufsnamen „kröger" bzw. „krüger" identisch. Er bezeichnet hier eine Person als „Gastwirt", insbesondere als „Schankwirt". Gemeint ist also jemand, der Getränke ausschenkt, die er vielleicht sogar vorher selbst gebraut hat. Dieser Berufsname „Krüger" geht von der zentralen Bedeutung des plattdeutschen

So könnte der „krôch" des Kötners CHRISTOPHER TÄGER ausgesehen haben: Heutige „Storkenkate" in PRETEN im Amt NEUHAUS

Wortes krôch, krûch als „Wirtshaus", speziell als „Dorfschenke" aus. „Tô krôge gân" bedeutete im Niederdeutschen: „Ins Wirtshaus gehen". So konnte der Gastwirt auch als „krôchvâder" bezeichnet werden, die Gastwirtin als „krôchmôder" oder „krôchmôme".

Wieso das Gasthaus im Niederdeutschen „krôch" oder „krûch" heißt, ist eigenartigerweise noch nicht geklärt. Die Vermutung, dass diese Bezeichnung vom außen aufgehängten Bierkrug abzuleiten ist, ist historisch nicht zu halten, da in der niederdeutschen Landschaft, in der das Wirtshaus „Krug" hieß, eine solche Bezeichnung für dieses Gefäß nicht existierte. „Krug" als Ausdruck für das Trinkgefäß ist ein neuhochdeutsches Wort. Stattdessen sagte man im Niederdeutschen für dieses Trinkgefäß *Kruke, Kanne, Krus(e)* oder *Kros*. Die Bedeutung „krôch" bleibt seltsamerweise offen.

Aber so ist auf jeden Fall klar, dass unser im Niederdeutschen beheimateter Vorfahr CASPAR CHRISTOPHER TÄGER sich als Schankwirt betätigt und Gäste bewirtet hat. Er betrieb seine Wirtschaft in seiner wahrscheinlich gemütlichen Kate und versorgte nebenbei noch eine kleine Landwirtschaft mit ein paar Stück Kleinvieh. Sicher konnte man deren Produkte, wie Schafs- und Ziegenkäse, Salat, Lauch und Zwiebeln gut zu einer Brotzeit servieren. Wahrscheinlich machte er in seiner Freizeit auch weiter Produkte aus Ziegenleder, insbesondere leichtes Schuhwerk.

Mit der Bäckerswitwe zum besseren Bier

Mit der oben geschilderten Heirat der Bäckerswitwe HEDWIG MEYERS kommt neuer Schwung in die alte Kate. Denn Bier zu brauen war eine besondere Kunst. Während die gewöhnlichen Hausbraumeister in ihren mühsamen Brauversuchen mit Ochsengalle und Ruß in den Bottichen experimentierten und manchmal nur fürchterlich stinkende Kreationen zustande brachten, die mit unseren heutigen Vorstellungen von Bier nur wenig gemeinsam haben, hatten die Bäcker auch beim Bierbrauen meist die Nase vorn, wieso, wusste man lange Zeit nicht.

Heute sind wir schlauer und erkennen, dass auch der Bäcker HANS JOACHIM MEYERS in TRIBBEKAU, der stets ein so wunderbar frisches Bier hatte, weder zaubern noch hexen konnte, wie man damals gern glaubte. Sein Geheimnis, das ihm ohne chemische Forschung zugefallen war, steckte vielmehr in einem winzigen Etwas, heute als „Hefepilz" bekannt.

Es war die Luft in der Backstube, die diese praktisch unsichtbaren einzelligen Organismen in den Bierzuber gelangen ließen. Dort riefen die Winzlinge, zusammen mit dem würzenden Malzzucker, binnen einer Woche ein Wunderwerk an alkoholischer Gärung hervor.

Erst Ende des 19. Jh. konnte die Forschung die chemischen Geheimnisse enträtseln. EDUARD BUCHNER bekam dafür im Jahr 1907 den Nobelpreis für Chemie. Die Beigabe von Hefe wandelt den Malzzucker in Alkohol und Kohlensäure um und gibt dem Bier seinen begehrten Geschmack samt Wirkung. Der leichte Alkoholgehalt hellt nicht nur die Stimmung auf, sondern macht das Getränk auch haltbar und gibt ihm seine prickelnde Spritzigkeit.

Ohne die zugrunde liegenden Formeln der Chemie zu kennen, produzierten die Bäcker also jahrhundertelang nur aufgrund des Zufalls das bessere Bier. Aber sie genossen ihre Privilegien und verteidigten leidenschaftlich ihre besonderen Braurechte. Noch heute zieren mancherorts Bäckerbrezeln die Steine über den Eingangstüren alter Wirtshäuser, wie etwa am Gasthof KILCHERT in WEIDENBERG, das genau zu dieser Zeit 1745 errichtet wurde. Das mag manchen verwundern, doch nun wissen wir, dass deren Besitzer früher aus gutem Grund beides waren, Bäcker und Brauer.

Nun war also auch CASPAR CHRISTOPHER TÄGER durch seine Heirat im Besitz dieser Wunderkraft und konnte sie zusammen mit der erfahrenen „krôchmôder" einsetzen, die wohl ihr gutes Bier weiterhin in der Backstube braute. So ist wahrscheinlich auch bald genug Geld da, um das Haus neu zu bauen, diesmal wohl mit echten Ziegeln an Stelle von anfälligem Lehm im Gefach. Schade, dass wir heute nicht mehr wissen, wo diese Kate der Krögersleute TÄGER gestanden hat; so müssen wir uns mit Vergleichen anderer Katen und Heidekrüge in diesem Gebiet eine eigene Vorstellung machen.

Zeichen für das Bierbrauen:
Bäckerbrezel von 1745 über dem Eingang des Gasthauses KILCHERT in WEIDENBERG

Der „Krôch" als gemeinsames Familien-Projekt

Fünfzehn gemeinsame Jahre sind den Eheleuten für ihr vereinigtes Glück und ihre Arbeit vergönnt. Doch bleibt ihr Leben nicht ohne Schatten. Im Juli 1739 ist ihnen ein zweites Söhnchen FRANZ HEINRICH CASPAR geboren und am 12. Juli getauft worden. Die Mutter HEDWIG ist bereits fast 42 Jahre alt. Doch ihrem Kind sind nur acht Lebensmonate beschieden, bis es ihnen durch Krankheit und Tod entrissen wird. Schweren Herzens müssen sie es am 19. März 1740 auf dem Friedhof von TRIPKAU begraben.

Elf Jahre später stirbt auch HEDWIG unerwartet. Erst 54 Jahre und 8 Monate alt ist sie, als sie am 9. Juli 1751, betrauert von ihrer kleinen Familie und der ganzen Dorfgemeinschaft, auf dem evangelischen Friedhof von TRIPKAU bestattet wird.

Doch ihr Mann CASPAR CHRISTOPHER will nicht allein bleiben. Ihr gut besuchter „Heidekrug" braucht wieder eine „krôchmôme". So heiratet CASPAR ein Jahr nach dem Tod seiner ersten Frau ein zweites Mal. Er ist inzwischen fast 55 Jahre alt. Am 1. Februar 1752 gibt er in der inzwischen arg heruntergekommenen Kirche St. Mariä in TRIPKAU seiner 41-jährigen Braut CATHARINA ELISABETH FRIELEN aus JESSNITZ bei HALLE das Jawort.

Woher sich die beiden kennen und ob

Geheimnisvolle Kreuze: Bei der barocken Ausmalung der Tripkauer Marienkirche 1757 dürfte CASPAR CHRISTOPHER TÄGER als Sponsor beteiligt gewesen sein

CATHARINA schon einmal verheiratet war, wissen wir leider nicht. Sicher ist es für beide Seiten in diesem Alter eine „Vernunftehe", ein Projekt der gemeinsamen Arbeit und der Fürsorge für den inzwischen 16-jährigen Sohn. Aber warum soll nicht auch aus einer solchen „Vernunftehe" Zuneigung und Liebe erwachsen?

Erst fünf Jahre später, im Jahr 1757, wird die inzwischen 140 Jahre alte Tripkauer Marienkirche durch den schlichten Saalbau im Fachwerkstil ersetzt, der noch heute den Kern der hübschen Kirche bildet, freilich damals immer noch ohne Turm. Aber wahrscheinlich ist die eindrucksvolle Ausmalung des Innenraums mit Kreuzen verschiedenster Art schon damals entstanden. Sicher ist auch der Schankwirt TÄGER mit seiner nun wieder vollständigen Familie als Sponsor beteiligt und freut sich an dem schönen Ergebnis.

Doch bereits ein Jahr später, im April des Jahres 1758, stirbt CASPAR CHRISTOPHER. Er ist nur 61 Jahre alt geworden. Eine solche Lebenszeit mag für Menschen der unteren Mittelschicht damals normal sein. Uns heute Lebenden erscheint sie als kurz; nach den Maßstäben unserer Zeit hätte er also nicht einmal das Rentneralter erreicht.

Was wird sein geliebter Sohn, der inzwischen 21-jährige JÜRGEN JOCHIM TÄGER, machen? Vielleicht schon gleich nach dem Tod seines Vaters, sicher aber vor dem Jahr 1767, verlässt er das Dorf TRIPKAU in Richtung des damals schwedischen GREIFSWALD.

Als wahrscheinlichstes Jahr für die Reise nehme ich das Jahr 1763 oder 1764 an; denn JÜRGEN dürfte das Ende des Siebenjährigen Krieges, der auch diesen Landstrich betraf, noch abgewartet haben. Er ist nun ein junger, selbstständiger Mann, von den Eltern finanziell gut ausgestattet, und er hat sich hohe Ziele gesteckt. Er hat sich über die damalige „Boom-Town" GREIFSWALD gründlich informiert und will versuchen, dort Fuß zu fassen und, wenn möglich, eine eigene Familie zu gründen. So nimmt er mutig die weite Reise in die zukünftige Heimat seiner ebenso zukünftigen Familie in Angriff.

Was aus dem „Krug" in TRIPKAU nach dem Weggang des Erben wird, wissen wir nicht. Wahrscheinlich führt ihn CASPAR Christophers zweite Ehefrau ELISABETH noch eine Zeit lang weiter. Doch auch ihr ist kein hohes Alter beschieden. Sie stirbt bereits im Herbst 1769 und wird am 15. Oktober 1769 in TRIPKAU begraben. Sie ist nur 57 Jahre und 10 Monate alt geworden, wie das Tripkauer Kirchenbuch sorgfältig ausweist. Den Krug übernehmen andere Besitzer, die wir nicht kennen.

Aufbruch in die „Aufklärung"

Dieses Jahr 1769, das Todesjahr von JÜRGEN Jochims Stiefmutter ELISABETH TÄGER, ist durchaus ein symbolisches Jahr. Es ist das Jahr, in dem am 5. Januar die bahnbrechende Erfindung von JAMES WATT zur Verbesserung der Dampfmaschine als Patent Nummer 913 im Patentregister eingetragen worden ist. Der Eisenfabrikant JOHN ROEBUCK hatte WATT vertrauensvoll das Geld zur Finanzierung seines Patents gegeben.

So sind Erfindungen und Entdeckungen die meist genannten Begriffe, die nicht nur die 60-er Jahre des 18. Jh., sondern auch die gesamte folgende Zeit der Aufklärung bestimmen. Ein beglückter Geist des eifrigen Forschens, aber auch des kritischen Nachdenkens, eben der „aufgeklärten Vernunft", durchweht die anregende Zeit. Viele Menschen streben seinerzeit nach Wissen und neuem technischem Know-how, um die Naturkräfte zu beherrschen und wirtschaftlich zu nutzen. Andere sehen ihr Ziel darin, das neue Wissen in einer verständlichen Sprache an die junge Generation weiter zu geben.

Auch die kommenden TÄGER sind von diesem Geist der Aufklärung getrieben, ihnen liegt vor allem das Pädagogische sehr am Herzen, sie wollen das neue Wissen anderen Menschen vermitteln.

Vielleicht haben schon die Vorgänger als Schafmeister ihre pädagogischen Talente entdeckt, wenn sie andere in diese Arbeit einweisen mussten. Doch nun kommt das geradezu umwerfende Erlebnis der „Aufklärung" hinzu, das nach den provozierenden Worten des großen preußischen Philosophen IMMANUEL KANT, die er 1784 in einem Zeitungsessay öffentlich niederlegt, für den Menschen den „Ausgang aus der selbstverschuldeten Unmündigkeit" bedeuten soll. Danach ist *„Unmündigkeit ... das Unvermögen, sich seines Verstandes ohne Leitung eines anderen zu bedienen. Selbstverschuldet ist diese Unmündigkeit, wenn die Ursache derselben nicht am Mangel des Verstandes, sondern der Entschließung und des Muthes liegt, sich seiner ohne Leitung eines anderen zu bedienen. Sapere aude! Habe Muth, dich deines eigenen Verstandes zu bedienen! ist also der Wahlspruch der Aufklärung."*

Es ist, wie wenn die Augen der menschlichen Seele bislang von den alten feudalistischen Vorstellungen wie von einem grauen Star getrübt waren und nun zu klarem Sehen befreit werden. Dieses „neue" unbelastete Schauen und Denken ergreift viele jüngere Menschen und haucht dem allgemeinen Leben neue Frische ein. So entwickelt sich die wirtschaftliche, politische, religiöse und moralische Welt in diesem kommenden Zeitabschnitt entscheidend weiter. Und die TÄGER sind auf ihre Weise begierig, an diesem geistigen Fortschritt teilzunehmen.

Natürlich liegt es nahe zu fragen, wie es kommt, dass einer, der als Sohn eines Kötners und Krügers auf dem Dorf nur mit einem Minimum an Bildung aufgewachsen ist, ins weltläufige und hochstudierte GREIFSWALD aufbricht, und was will er da?

JÜRGEN JOCHIM ist als Einzelkind schon gereifter Eltern jenseits der Mitte ihres Lebens geboren und aufgewachsen. So dürfen wir annehmen, dass er sich auch der besonderen Zuwendung beider Elternteile erfreuen durfte, die bekanntlich den Geist, die Seele und das Geschick des Menschen anregt. Sie haben seine Menschenkenntnis, seine besondere praktische und pädagogische Begabung und Wendigkeit bemerkt und fördern ihn nach den Vorstellungen der Zeit.

Das Leben im Dorf TRIPKAU im malerischen Urstromtal der Elbe mag wohl beschaulich und einträglich gewesen sein, doch als zukunftsweisend empfinden es die wachen Eltern trotz ihres florierenden Heidekrugs nicht. In ihrem JÜRGEN steckt mehr! Politisch, wirtschaftlich und kulturell bewegt sich viel in den bislang als eng und autoritär empfundenen Fürstentümern. Die Zukunft gehört der Bildung, dem aufstrebenden Handwerk und der Wissenschaft. Daran soll ihr JÜRGEN Anteil haben.

So verlässt also JÜRGEN JOCHIM TÄGER wohl spätestens im Jahr 1764 das Dorf TRIPKAU, um im fernen GREIFSWALD sein Glück zu versuchen.

Mystisches Greifswald: Gemälde von CASPAR DAVID FRIEDRICH um 1817

2. JÜRGEN JOCHIM TÄGER
– Amtsmeister der Schumacher in Greifswald

*N*un liegt ein beschwerlicher Weg von immerhin 250 km vor JÜRGEN JOCHIM TÄGER. Bei den schlechten Straßenverhältnissen bedeutet das auch im Flachland etwa 8-10 anstrengende Tagesreisen mit der Postkutsche. Unterwegs muss er das gesamte Herzogtum Mecklenburg-Schwerin durchqueren.

Dann passiert er die schwedischen Grenzposten, die ihren damaligen Besitz „Schwedisch-Vorpommern" insbesondere vor den aggressiven Preußen sichern wollen. Dann sieht er endlich schon von weitem den stattlichen, 100 m hohen Glockenturm der Hauptkirche St. Nicolai mit seiner barocken Zwiebelhaube aufragen. Die Silhouette der stark befestigten Stadt GREIFSWALD ist schon fast dieselbe, wie sie dann Greifswalds großer Sohn CASPAR DAVID FRIEDRICH (1774-1840) rd. 50 Jahre später vor sich sieht und in seinen luziden Landschaftsbildern festhält.

Greifswald, - eine stolze protestantische Stadt des Handels und der Wissenschaft unter schwedischer Herrschaft

Diese als „GRIPHESWALD" – niederdeutsch auch „GRIEPSWOOLD" – im Jahr 1248 erstmalig erwähnte Handels-, Kaufmanns- und Universitätsstadt GREIFSWALD, als Ostsee-Hafenstadt an der geschützten Lagune des „Greifswalder Bodden" zwischen Rügen und Usedom gelegen, erlebt gerade ihre durchaus segensreiche, 185 Jahre währende „Schwedenzeit, die mit dem Sieg des Schwedenkönigs GUSTAV ADOLF über den kaiserlichen Feldherrn WALLENSTEIN im Dreißigjährigen Krieg im Jahr 1631 begonnen hatte. Die Schweden, die ihre Neuerwerbung Schwedisch-Pommern von der Ostsee-Hafenstadt STRALSUND aus regierten, hatten der kleinen, aber stolzen Stadt GREIFSWALD die meisten ihrer Privilegien und Freiheiten belassen, die sie im 13.–15. Jh. den früheren pommerschen Herrschern abgetrotzt hatte.

Der Hafen ist zum Ende des 18. Jh. zwar bereits stark versandet und für die Beladung größerer Schiffe nicht mehr geeignet, aber die ermutigenden Entwicklungen auf wirtschaftlichem, politischen und kulturellen Gebiet machen diese Beeinträchtigung des Seehandels leicht wett. Der allgemeine Aufschwung bewirkt damals, dass die alte Hansestadt ein attraktiver Anziehungspunkt für Menschen von weither ist, die ihr Leben in den Bereichen Wirtschaft und Handwerk, Kultur oder Bildung weiter entwickeln wollen.

Bereits 1456 war in GREIFSWALD sehr weitsichtig die pommersche Landesuniversität gegründet worden, die sich bis zum heutigen Tag als Segen für die Stadt erweist. JOHANNES BUGENHAGEN (1485-1558), ab dem wichtigen Reformationsjahr 1521 Martin Luthers Freund, Vertrauter, Beichtvater und einer der wichtigsten Förderer der Reformation, hat an dieser Universität sein Grundstudium der „Septem Artes Liberales" durchlaufen und später auch das erste Buch über die Pommersche Landesgeschichte verfasst. Seitdem die Bürgerschaft im Jahr 1531 den lutherischen Geistlichen JOHANNES KNIPSTRO nach GREIFSWALD an die Hauptkirche St. Nicolai gerufen hat, ist die Stadt evangelisch-lutherisch. KNIPSTRO hatte dann auch die Theologische Professur an der Universität übernommen, die geistesgeschichtlich seit dieser Zeit in ganz Deutschland anerkannt blieb.

Die Einwohnerzahl der Stadt hatte vor dem Dreißigjährigen Krieg über 6.000 Menschen betragen. Die Folgen der Schreckensherrschaft der kaiserlich-katholischen Truppen unter WALLENSTEIN und Pestepidemien hatten sie auf weniger als die Hälfte zusammenschmelzen lassen; doch inzwischen war sie wieder auf rd. 4.500 Menschen angewachsen. Freilich ist die Stadt bei Jürgens Ankunft in der Fläche noch kaum über den historischen Stadtkern aus dem 16. Jh. hinausgewachsen, bietet aber ein hübsches Bild.

Das leuchtende Tageslicht, die Nähe zum wogenden Meer und die wechselnden Naturerscheinungen lassen die Häuser, den Hafen und die umgebende Landschaft in immer neuen Farbnuancen und Schattierungen erscheinen. Manchmal wirkt die Stadt auf den Beschauer idyllisch und heiter, wie auf CASPAR DAVID FRIEDRICHS Aquarell „Der Greifswalder Marktplatz" 1818, an manchen Tagen aber auch mystisch-geheimnisvoll und dämonisch, wie auf seinem ein Jahr zuvor gemalten Bild „Greifswald bei Mondschein".

Wie die anderen Greifswalder Bürger ist der Maler C. D. FRIEDRICH Zeit seines Lebens schwedischer Staatsbürger, er be-

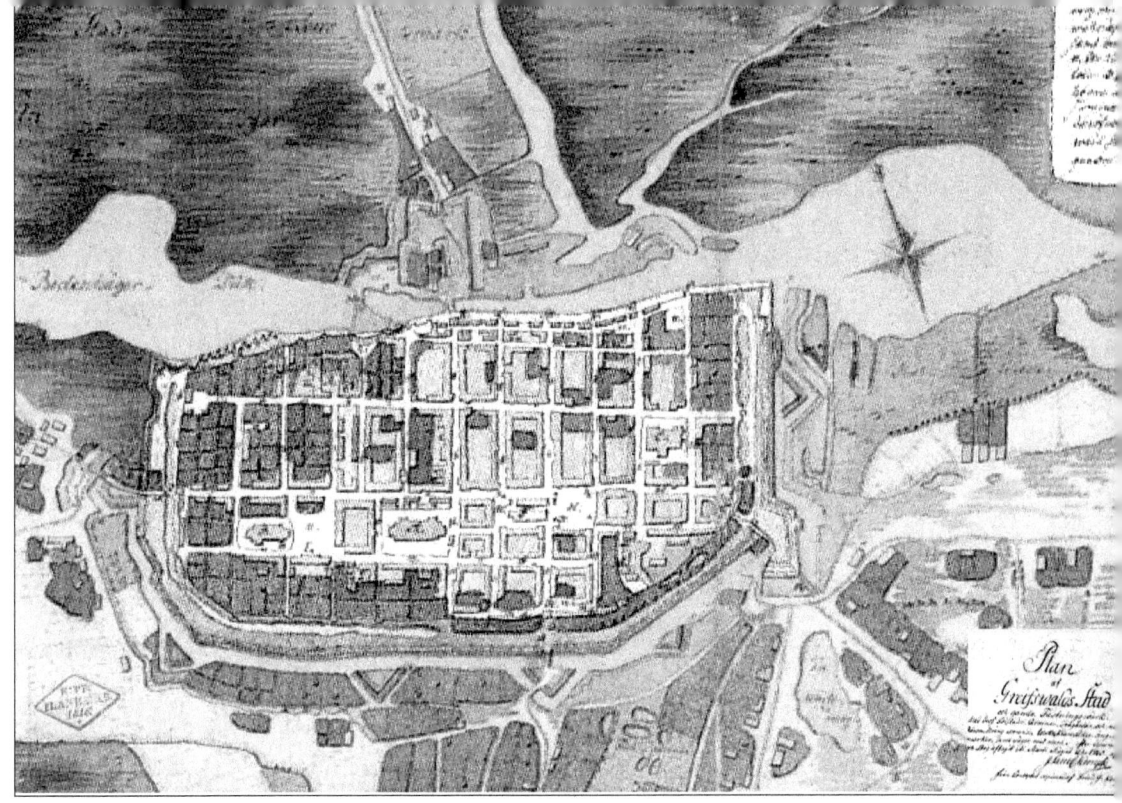

Greifswald zur Zeit der Ankunft von Jürgen Täger: Stadtplan von SAMUEL KEMPFE 1760

hält diese Staatsbürgerschaft auch später nach seiner Übersiedlung nach DRESDEN bei. Auch der auf Rügen geborene Dichter ERNST MORITZ ARNDT (1769-1860), der an der Greifswalder Universität studiert und hier später eine Professur für Geschichte und Philologie annimmt, ist schwedischer Bürger.

Die Schweden bleiben bis zum Wiener Kongress 1815 die Herren über Vorpommern. Doch erweist sich der gemeinsame Lutherische Glaube der Schweden und der Greifswalder Bürger als eine außerordentlich tragfähige kulturelle und menschliche Brücke. Diese Fremdherrschaft wird kaum als belastend empfunden. Im Gegenteil, die Schweden erweisen sich für die Geschicke Greifswalds verantwortungsbereit.

Sie werten die Stadt weiter auf, indem sie in ihrer Herrschaftszeit zunächst den Lehrbetrieb der niedergegangenen Universität wieder ankurbeln, dann im Jahr 1747 das heute noch bestehende Universitätshauptgebäude errichten, und schließlich die Stadt zum Sitz der obersten Gerichts- und Kirchenbehörden für Schwedisch-Pommern erheben. Im Jahr 1772 bestätigen sie erneut alle alten „Rechte, Privilegien, Freiheiten und Gerechtigkeiten der Stadt Greifswald und der ihr angehörigen Gotteshäuser", „in eben dem Maße, wie es zuvor schon" mehrfach geschehen ist.

Natürlich erweckt dieses prosperierende Stadtwesen auch den aggressiven Neid der angrenzenden Länder und ihrer Herrscher. Mehrfach hat Brandenburg versucht, das verlorene Gebiet zurückzuerobern und dabei im Jahr 1678 GREIFSWALD auch für ein Jahr besetzen können. Schäden und Kugelreste aus den Kanoneneinschlägen der Gefechte werden im Gemäuer der Marienkirche noch heute gezeigt. Zu Anfang des 18. Jh. hatten sich dann durchziehende dänische, sächsische und russische Truppen von den Greifswaldern für den „Nordischen Krieg" versorgen lassen. Und im gerade zu Ende gegangenen Siebenjährigen Krieg mit Preußen war im Jahr 1758 ein Pulvermagazin explodiert und hatte große Teile der Stadt mit zerstört. Zwischendurch hatten Großbrände einige Bereiche der Innenstadt eingeäschert.

Hohe Hürden für den Start als Schuhmacher in der Fremde

In dieser Zeit, um das Jahr 1764, erreicht JÜRGEN JOCHIM TÄGER das Stadttor von GREIFSWALD. Wahrscheinlich empfangen ihn hier ansässige Verwandte und nehmen ihn zunächst einmal bei sich auf, bis er selbst Fuß gefasst hat.

Er möchte sich als Handwerker niederlassen. Eines der Gewerbe, mit denen sich seine Vorfahren beschäftigt haben, ist ja der Umgang mit feinem Leder: Jacken und Hosen, Taschen, Riemen, Sättel ... Vor allem auch Schuhe sind stets gefragt. Das grobe Schuhwerk der Arbeiter und Handwerker ist aber meist aus dem festen und dicken Rindsleder gefertigt. Nachdem die TÄGER gewohnt sind, das feinere Ziegenleder zu verarbeiten, bietet es sich in GREIFSWALD an, vor allem modisches Schuhwerk und Accessoires für die Bessergestellten aus diesem Leder herzustellen.

Doch die Hürden sind hoch. Seit die Schotten als marktbewusste Händler und preiswerte Handwerker im 16. und 17. Jh. nach Mitteleuropa vorgedrungen und auch in GREIFSWALD eine florierende Niederlassung gegründet haben, riegeln die Zünfte ihre Zusammenschlüsse gern nach außen hin gegen solche fatale Konkurrenz ab, sie wollen ihre Territorien gegenüber Fremden verteidigen. Wer Meister werden will, dem werden gewaltige Hindernisse in den Weg gestellt.

Zunächst muss er überhaupt erst einmal in den Besitz des Bürgerrechtes kommen. Denn im Unterschied zum flachen Land, wo weiterhin das „Landrecht" galt, stellten die Städte seit dem Mittelalter einen Raum mit eigenem Recht dar.

Vor allem die Hansestädte MAGDEBURG und LÜBECK waren die großen Vorbilder für die Herausbildung des deutschen Stadtrechts im Norden Deutschlands, ihnen hatten sich auch GREIFSWALD und die anderen pommerschen Städte mit der Formulierung ihres eigenen Stadtrechts angeschlossen.

Zusammen mit diesem Stadtrecht ist auch das „Bürgerrecht" geregelt, das eine hohe Bedeutung für den Alltag hat. Es liefert für das soziale Leben der Stadt und das Ergehen des Einzelnen den Rahmen und die Regeln. Das Stadtrecht unterscheidet zwischen solchen Einwohnern, die im Besitz des Bürgerrechtes waren – sie bilden zahlenmäßig eine Minderheit, aber ordnen und lenken das Stadtgeschehen – und sonstigen Bewohnern, die zwar in der Mehrheit sind, aber nichts zu sagen haben.

Ein Dozent von auswärts z.B. erwirbt durch seine Berufung an die Universität ein „akademisches Bürgerrecht". Menschen, die in handwerklichen Berufen arbeiten wollen, beantragen ein Bürgerrecht auf ihren Beruf, etwa als Arbeitsmann, Bortenmacher, Fuhrmann, Schmied, Schneider, Schuhmacher, Stellmacher, Tischler usw.

Die Stadt ROSTOCK, die seinerzeit mit GREIFSWALD vergleichbar ist, zählt damals 74 verschiedene Handwerke mit 275 angemeldeten Gewerbetreibenden auf. Jeder einzelne dieser Betriebe ernährt etwa 15 oder mehr Personen. So ein Betrieb ist eine große Familie; zu ihm gehören Angehörige und Abhängige, von der Magd über den Lehrling bis zum Gesellen und zum Meister und der Meistersfrau, dazu die Wanderburschen.

Aber nur denen, die das Bürgerrecht besitzen ist es erlaubt, Eigentum an Grund und Boden zu erwerben oder sich als Handwerksmeister selbstständig zu machen und damit solche Betriebe zu gründen. Zugleich hat der Bürger die Pflicht, seine Stadt im Krieg zu verteidigen.

Das Bürgerrecht erfordert die „Echtgeburt" und ist teuer

Das Bürgerrecht zu erwerben, ist also für JÜRGEN JOCHIM TÄGER unumgänglich, wenn er vorankommen will. Um es erwerben zu können, muss er zunächst einmal die „Echtgeburt", also die eheliche Abstammung, nachweisen. Der Stadtrat kann für die Beibringung eines „beschworenen Geburtsbriefes" eine Frist von einem halben Jahr einräumen. Wird die Urkunde in dieser Zeit nicht vorgelegt, erlischt das Bürgerrecht.

Doch JÜRGEN kann fristgerecht die erforderlichen Zeugen gewinnen, welche seine Familie kennen und seine eheliche Herkunft beeidigen. Die Namen der Eltern und der Zeugen werden in der „Bürgerrolle" mit vermerkt.

Auch muss der Antragsteller einen Eid auf den Rat der Stadt und die Landesherren schwören. Doch die größte Hürde für den Zuzugswilligen stellt sicher das „Bürgergeld" dar, das zum Erwerb des Bürgerrechtes gezahlt werden muss.

Das Bürgergeld für die Eintrittskarte in den engeren Kreis der Vollbürger ist sehr teuer; es stellt gewissermaßen eine vorausgezahlte Steuer dar, aus der die Stadt ihre Verpflichtungen für das Gemeinwohl mit bezahlen kann. In DANZIG etwa müssen Bewerber von auswärts in den Jahren zwischen etwa 1730–1780 für den Erwerb des Bürgerrechtes den stattlichen Betrag von 100 - 300 Gulden „erlegen". Wenn man davon ausgeht, dass damals ein Handwerker etwa 2 ½ Tage arbeiten muss, um einen einzigen Gulden zu verdienen, entsprechen die Kosten für das Bürgerrecht mindestens einem ganzen Jahreslohn oder sogar dem zwei- oder dreifachen davon.

Söhne von solchen Einwohnern, welche das Bürgerrecht schon besaßen,

Der Marktplatz von Greifswald: Zeichnung von CASPAR DAVID FRIEDRICH 1818

mussten das Bürgerrecht in der ersten Zeit nicht selbst neu erwerben, sie „erbten" es gleichsam von ihren Vorfahren. In späteren Jahren mussten aber auch die hier Geborenen ein Bürgergeld zahlen, das aber in seiner Höhe geringer war als bei denen, die von auswärts kamen. So wird in einigen alten Bürgerbüchern unterschieden zwischen „Originarius" oder „Extraneus", sodass man noch heute erkennen kann, ob ein Neubürger in der Stadt oder außerhalb geboren wurde.

Doch zum Glück waren die Eltern von JÜRGEN JOCHIM TÄGER ja in der Lage gewesen, vorzusorgen. Ihrem als Einzelkind aufgewachsenen Sohn konnten sie vor allem auch durch das erheiratete Erbe das nötige Geld mitgeben. So konnte er sich bald in GREIFSWALD auch ein Grundstück und ein kleines Haus kaufen. Hier wollte er sein zukünftiges Handwerk ausüben.

Nun war also JÜRGEN JOCHIM vom Rat zum Bürgerrecht zugelassen. Er hatte den Eid des Neubürgers abgelegt und war in die Liste der Neubürger aufgenommen worden. Er hatte nun seine Vermögens-, Verkehrs- und Verbrauchssteuern zu zahlen, seiner Pflicht zur Wehr und Bewaffnung nachzukommen und das Stadtgericht als oberste Instanz in allen

Rechtsfragen anzuerkennen, sowie bei Arbeitseinsätzen mitzumachen.

Bei der Neukonstituierung des Stadtrates hatte er den „Gesamtschwur" der Bürgergemeinde mit geleistet, den jeder Bürger ab dem 15. Lebensjahr regelmäßig zu leisten hatte. Er hatte sich zu Treue und Gehorsam gegenüber dem Rat verpflichtet und versprochen, sich für den Nutzen und die Ehre der Stadt einzusetzen. Das bedeutete, dass er in einem Konfliktfall dem Mitbürger, nicht aber dem Fremden beizustehen hatte.

Alle hatten zudem den „Friedenseid" geschworen, mit dem die althergebrachten Freiheiten der Kaufleute verteidigt und für die Zukunft auch neue Privilegien zugunsten der Bürger durchgesetzt werden sollten. Die Stadt ihrerseits garantierte dem Bürger einen gewissen Rechtsschutz auch gegenüber Forderungen von außen. In Kriegszeiten kaufte sie vom Feind gefangene Bürger frei oder führte für sie sogar Fehden.

Der Einstieg ins „Schauster"-Handwerk ist Sache des „Amtes"

So gehörte JÜRGEN JOCHIM TÄGER nun zu den „Privilegierten". Sie machten zahlenmäßig 10% der Stadtbevölkerung aus. Er durfte nun auch den Rat der Stadt mit wählen.

Nun musste er sich mit der nächsten Hürde als Neubürger auseinandersetzen, dem Einstieg ins Handwerk. Der Zugang war nicht einfach, wenn man einen der bereits vorhandenen Berufe ausüben wollte. Man konnte nicht einfach eine „Garagenfirma" gründen und mit der Arbeit loslegen. Vielmehr waren alle gängigen Handwerke straff organisiert und besaßen enge Zugangspforten.

Die Tätigkeit des Schuhmachers, heute ein aussterbendes Handwerk, gehörte zu den ältesten und damals privilegiertesten Berufen.

In der niederdeutschen Mundart war er der „Schohmaker", „Schohlapper" oder „Schauster". Letztere Bezeichnung, mit unserm „Schuster" identisch, war ein sprachlich verschliffenes Wort, das mittelhochdeutsch ursprünglich „schuochsüter" hieß. Es setzt sich aus den Bestandteilen „Schuh" und dem althochdeutschen Verb „sutari" zusammen.

Dieses Tätigkeitswort weist wiederum in die lateinische Sprache der Antike und des Mittelalters zurück. Der „sutor", im Mittelalter „sauter", ist der „Näher".

Bereits in der Antike hatte sich der Beruf des Lederschneiders oder -nähers von dem des Ledergerbers abgetrennt. Diesen Nähern bedeutete ihr gesellschaftlicher Rang viel. Aus Berufsstolz und finanziellen Gründen ging es ihnen darum, sich von den verbreiteten „Sandalenmachern" abzugrenzen. Diese verarbeiteten ja lediglich ein Stück Leder als Sohle und versahen es mit Bändern. Die „Schuh-Näher" dagegen waren stolz auf ihre typischen Stiefelchen, die schon bei den finanziell betuchten Römern die Hauptfußbekleidung war. Das Ideal dieser Handwerker war eine sorgfältige Näharbeit, mit der sie die Teile von Schaft und Boden fast künstlerisch miteinander zu einem festen, geschlossenen und wohlgeformten Schuh verbanden.

Das Besondere des Schuhmacherhandwerks war also diese kreative Neuanfertigung von individuell gestaltetem Schuhwerk, das sich allerdings nur Bessergestellte leisten konnten. Mit einer gewissen Verächtlichkeit wird von ihnen der „Flickschuster" betrachtet, der sich handwerklich mit der Ausbesserung der getragenen Schuhe der Armen begnügen muss. Zur selben unteren Schicht zählen auch die „Altmacher" welche abgetragenes Schuhwerk aufkauften, reparierten und dann preisgünstig und wieder verkauften. Von der Arbeit dieser ärmeren Schuster bekam auch das Wort „schustern" seinen negativen Beiklang für „Pfuscharbeit machen", Wer etwas „zurecht- oder zusammenschustert", zeigt sich als Dilettant. Wem man etwas „zuschustern" muss, der hat selbst wenig Einkünfte.

In der Regel leiteten die „Schauster" einen Familienbetrieb, bei dem die Kinder das Handwerk des Vaters lernten. Auch beim Heiraten blieb man gern unter sich – bezeichnenderweise heiratet dann die noch in GREIFSWALD geborene älteste Tochter von JÜRGEN JOCHIM TÄGER, MARIA DOROTHEA, den Schuster CHRISTOPH MÜLLER, den sie in KEMNITZ nach dem Umzug der Familie dorthin kennengelernt hat –. So blieben die besonderen Kenntnisse über Generationen erhalten, und oft bildete sich auch ein eigener Stil heraus, der die Schuhe eines Handwerkers im sich entwickelnden Bürgertum zu einer gesuchten Mode machten. Auch Lehrlinge wurden in einem solchen Betrieb ausgebildet.

Um ihre Privilegien zu erhalten, hatten die Schuhmacher schon seit dem 13. Jh., wie dann auch die anderen Handwerker, begonnen, sich aus der zusammenhanglosen Masse der Einflusslosen zu lösen und sich in Form von straff geführten Innungen zusammenzuschließen. So konnten sie in den Städten ein Gegengewicht gegen den überlegenen Einfluss der Oberschicht aus Adligen, Patriziern, Ministerialen und Kaufleuten bilden und bei der Gestaltung der örtlichen Politik als „zweite Kraft" Einfluss erkämpfen.

Auch gab es zweckgerichtete Zusammenschlüsse von Handwerken. So hatten die Schuhmacher sich auch schon bald mit den Ledergerbern, die sich als „Loh"- oder „Rotgerber" an den Gewässern der Stadt breitmachten, zu einem „Amt", wie sie es nannten, zusammengetan. Seitdem waren sie zu einer so einflussreichen Vereinigung aufgestiegen, dass sie schließlich auch die anderen Handwerksgenossen in den politischen Kämpfen gegen das Patriziat anführen konnten.

An der Spitze der Innung stand ein einflussreicher „Amtsmeister", den die Innungsmitglieder zu ihrem Sprecher wählten. Er stand in seinem Status den Ratsherren praktisch gleich. Vergleichbar der biblischen Formel von den „Schriftgelehrten und Pharisäern", die im Evangelium meist in einem Atemzug genannt werden, wurden in den deutschen Städten bald auch „die Ratsherren und Amtsmeister" als ein Block betrachtet.

Auch andere Handwerke schlossen sich zu solchen „Ämtern" zusammen, z.B. die Knochenhauer, d.h. Metzger, und die Bäcker, später auch die Brauer, Böttcher, Schneider u.v.a.m. Ganz spät erst bilden auch die Schreiner und Zimmerleute solche Zünfte. Doch die bedeutendsten und wohlhabendsten blieben die Schuhmacher.

In GREIFSWALD hatten sich je etwa fünf oder mehr Schuhmacher zu einer Innung zusammengetan. Sie repräsentierten also jeweils eine Gemeinschaft von etwa 50-60 von diesem Erwerb abhängigen Personen. So gab es dort also mehrere solcher Schuhmacherinnungen, jeweils mit einem Amtsmeister an der Spitze. Und es gab mehrere Amtshäuser, die zugleich das Ansehen des jeweiligen Gewerbes zum Ausdruck bringen sollten. Der jeweilige Amtsmeister war in der Regel auch der Pächter des Amtshauses.

Ordnungen regeln das Leben der Zünfte und den Weg zur Meisterschaft

In „Amtsbriefen" waren die Aufnahme in die Zunft und der Weg zur Erlangung der Meisterwürde geregelt. Wenn ein Amtsmeister neu eingeführt wurde, wurden alle Regeln aus dem Amtsbrief als Erinnerung für die Mitglieder auf Deutsch öffentlich verlesen.

In diesen Ordnungen war auch die Ausbildung geregelt. Lehrlinge müssen jeweils zu Beginn und Ende der Lehrzeit die Hälfte des vorgeschriebenen Lehrgeldes bezahlen. Im Unterschied zu heute bekommt also der Lehrling damals keine Entlohnung, sondern muss, bei freier Kost, seine Ausbildung selbst finanzieren.

Jeweils vier bis sieben Lehrjungen werden von einem Meister angeleitet. Ihre Lehrzeit beträgt drei Jahre. Dann sind sie „Gesellen" und haben eigene Einkünfte.

Meister kann nur werden, wer ehelich geboren ist, das Bürgerrecht besitzt und zwei Jahre als Knecht oder Geselle bei einem Meister gelernt hat. Für die Erlangung der Meisterwürde sind der Stadt zwei Goldgulden, also vergleichsweise ein Wochenlohn, dem Amt vier Goldgulden, den Armen einen Gulden zu zahlen, und dem Amtsmeister ist für die Besichtigung des Meisterstücks eine Flasche Wein zu überreichen. Als Meisterstücke sind bei den Schuhmachern in Gegenwart des Amtsmeisters und zweier Boten in der Regel je ein Paar Stiefel, Absatzschuhe und Riemenschuhe anzufertigen.

In den Ordnungen für die Meister sind auch schon soziale Vereinbarungen enthalten, etwa zur Versorgung der Witwe und der Kinder beim Tode des Meisters. Die Gesellen durften von der Ehefrau im Todesjahr des Meisters weiter beschäftigt werden. Auch durfte der Sohn, sofern er die Lehre abgeschlossen hatte, die väterliche Werkstatt leiten, solange die Witwe unverheiratet blieb.

Wer heiratet, ein Handwerk beginnt oder Meister wird, hat Gebühren an das Innungsamt zu zahlen. Diese Gebühren sind, neben den Strafen, die Haupteinnahmen der Innung. Das Erscheinen bei den Innungsversammlungen ist für alle Mitglieder Pflicht. Abwesenheit zieht eine Geldstrafe nach sich.

Und vor allem ist geregelt, welche Maßnahmen zu ergreifen sind, um das jeweilige Handwerk vor Konkurrenz zu schützen. Z.b. dürfen ortsfremde Handwerker ihre Waren nur auf dem Marktplatz verkaufen, jedoch nicht vor dem Glockenschlag, der die Eröffnung des Marktes ankündigt.

Über das Leben der Mitglieder übt das Amt eine weit reichende Kontrolle aus. Hass, Zank und Gotteslästerung und jede Art gebotswidrigen Verhaltens sind bei Strafe verboten. Den Anordnungen des Amtes muss man sich fügen, sonst verliert man alle Privilegien, bis man seine Strafen bezahlt hat.

Der Amtsmeister verfügt über die Innungsgerichtsbarkeit und kann sich zur Durchsetzung der Strafen auch der Hilfe des Bürgermeisters bedienen. Bei Verstoß gegen Innungsgesetze soll aber niemals die Berufsausübung oder der Verkauf Schaden leiden. Deshalb bleibt es bei mäßigen Geldstrafen, die zwischen einem Tages- und einem Wochenlohn liegen.

Aller Anfang ist schwer

Meister zu werden wird den jungen, insbesondere den unbemittelten Gesellen seinerzeit sehr schwer gemacht. Denn der Innung liegt daran, das Ansetzen neuer Meister zu erschweren; sie will die Konkurrenz niedrig halten.

Wer nicht in der Stadt geboren ist, dem mutet man gern eine gewisse Anzahl von „Sitz- oder Mutjahren" zu. Der Amtsmeister weist dem „Extraneus" in dieser Zeit einer Werkstatt zu, wo er arbeiten und die Verhältnisse vor Ort studieren kann. Natürlich kann es ein Vorteil sein, wenn der alte Meister so den zukünftigen Jungmeister eingehend kennenlernt; doch zugleich ist er ein Rivale. So tut man in dieser Sitz-Zeit gern alles, um den „Neuen" und zukünftigen Konkurrenten die Niederlassung am Ort möglichst nachhaltig zu verleiden. Auch die Hürde an Bedingungen, etwa welche Städte der Kandidat bei seiner Wanderschaft durchlaufen haben musste, setzt man möglichst hoch.

Abschreckend wirken sollen, neben den hohen Gebühren verschiedenster Art, auch andere Maßnahmen. So stellen die Prüfer für die Anfertigung der Meisterstücke manchmal bewusst schwere Aufgaben. Ja, man provoziert die Bewerber förmlich, indem man etwa von ihnen verlangt, besonders kostspielige oder gar veraltete Gegenstände herzustellen, die nachher gar nicht verkäuflich sind.

Doch dem armen Gesellen, der nach oben will, bleibt oft gar nichts anderes übrig, als gute Miene zu bösem Spiel zu machen. Er muss sein Spargeld auch in ein unsinniges und unveräußerliches Werkstück stecken. Wenn er stattdessen etwa Schuhe nach der neuesten Mode für den besonderen Geschmack der Bessergestellten hätte fertigen dürfen, dann hätte er vielleicht einiges Geld einnehmen können, um seine Werkstatt weiter auszustatten.

Doch sind die Schwierigkeiten mit der schikanösen Fertigung des Meisterstücks nicht zu Ende. Vielmehr sind der Amtsmeister und seine beteiligten Beobachter auch noch mit Speisen und Getränken zu verköstigen. Es herrscht in den Zünften viel Völlerei. Gefeiert wird, wann immer es geht.

Auch die Annahme des Meisterstücks durch die Innung kostet Geld, und jeder kleinste festgestellte Fehler zieht zusätzliche Geldauflagen nach sich. Wird ein größerer Fehler gefunden, kann die ganze Gesellenzeit für nichtig erklärt werden, und der Handwerker wird erneut auf Wanderschaft geschickt. Wer freilich schon Meistersohn ist, oder wem es gelingt, eine Meistertochter zu ehelichen, der ist gut dran, er muss häufig nur ein halbes Meisterstück fertigen.

Das verbreitete Fressen und Saufen macht den zukünftigen Meister arm

Sind schließlich alle heimtückischen Klippen auf dem Weg zum Jung-Unternehmer überwunden, dann droht als nächster großer Kostenfaktor noch das kolossale Schmausen, das der frisch gebackene Meister für alle Mitglieder seiner Zunft einschließlich der Angehörigen geben muss. Das kommt schon mal einer größeren Hochzeitsgesellschaft gleich.

So sind die Bewerber um Handwerk und Meisterwürden in einer Stadt damals einem ganzen Bündel von Schikanen ausgesetzt. Die Obrigkeit bemüht sich zwar immer wieder nach Kräften, durch klare Vorgaben die übertriebene Feierei und die herrschende Willkür einzudämmen, doch verhindern kann sie das Beißen der Eingesessenen gegenüber den Fremden bzw. Neuen nicht.

So verbietet die Obrigkeit die kostspieligen Mahlzeiten und setzt auch das Meistergeld im Allgemeinen auf rd. 10 Taler fest, die notfalls auch in Raten bezahlt werden können. Das hier eingenommene Geld darf nicht zum „Fressen und Saufen" oder für Gerichtsprozesse, sondern nur zur Anschaffung von Gerät verwendet werden.

Auch wird festgelegt, dass auch Meistersöhne auf Wanderschaft gehen müssen. Auch wird die Forderung allzu kostspieliger und unnützer Meisterstücke verboten.

Die Zünfte und Stadträte wehren sich; freilich gehen diese Beschränkungen. Sie argumentieren: Es sei doch besser, wenige und perfekte Meister in der Stadt zu haben, als viele Stümper. Gute Meister würden zu jeder Zeit gebraucht, Stümper und Hudler litten schnell Not.

Doch setzt sich zunehmend eine freie Gewerbeordnung durch und macht dem alten erstarrten Zunftwesen in dieser Zeit schwer zu schaffen. Das hat später auch für unsern Bewerber JÜRGEN JOCHIM TÄGER einschneidende Folgen. Doch von diesen kommenden Umbrüchen ahnt Jürgen anfangs noch nichts, er vertraut weiter auf die alten und scheinbar bewährten Ordnungen.

Da will z.B. auch der Zeitpunkt für die Heirat genau abgepasst werden. Denn verheirateten Gesellen verwehrte man gern die Meisterwerdung; aber wenn man dann Meister ist, ist es wichtig, sogleich eine tüchtige Frau im Haus zu haben.

So hat JÜRGEN schon bald ein Auge auf MARIA ELISABETH VORBECK geworfen. Sie ist die Tochter eines Kleinschmieds, der in GREIFSWALD seine Werkstatt hat und kaum 16 Jahre alt, als er sie kennenlernt, 12 Jahre jünger als er selbst.

59

Heirat mit der Tochter des Kleinschmiedemeisters

Im Unterschied zum Grobschmied, der ein typischer Dorfhandwerker ist und große Geräte für den Bauern, wie Schaufeln, Hauen, Sicheln und Äxte herstellt und die Pferde beschlägt, ist der Kleinschmied eher ein städtischer Handwerker. Er fertigt Geräte und Werkzeuge für den täglichen Bedarf in Häu-sern und Werkstätten. Aus seinem Betrieb kommen Küchengeräte und Pfannen, Schlösser, Hämmer, Nägel, Zangen, Bohrer und Feilen.

Und natürlich stellt der Kleinschmied auch das typische Schusterwerkzeug her: den speziellen Rundkopfhammer für Klopfarbeiten; die Beißzange zum Herausziehen der Zwicknägel; die breite Zwickzange, mit der man den Schaft über den Leisten zieht; die schmale Faltenzange, mit der die Oberlederfalten an Spitze und Ferse verteilt werden; das Kneipmesser zum Beschneiden der Sohlen und Absätze; den Wetzstahl zum Schärfen der Werkzeuge; die Raspel, mit der man die Sohlen und Absätze bearbeitet; den Rissöffner zum Freimachen des Schnitts in der Sohle; die Quer-Ahle zum Vorstechen der Nahtlöcher; den Aufrauer zur Vorbereitung der Klebflächen; das Randmesser zum Entgraten der Sohlenkanten; und vor allem das „Schuhmachereisen", den typischen Dreifuß, auf dem der Schuster wie auf einem Amboss die Schuhe bearbeitet.

Jeder Schuster hat für sein Werkzeug eigene Vorstellungen. Und so ist es klar, dass er auch persönlich im Haus des Kleinschmieds verkehrt, um seine speziellen Wünsche vorzutragen. Dass er dabei auch mit der Familie dieses Handwerkers vertraut wird, ergibt sich bei der Verknüpfung von Haus und Werkstatt von selbst.

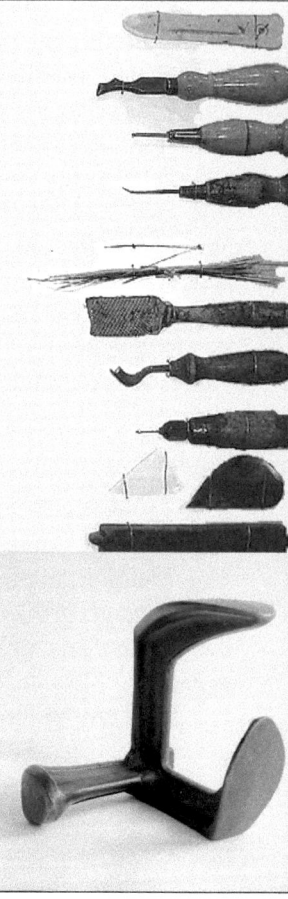

Spezielles Schuhmacherwerkzeug: Vom Kleinschmied gefertigt

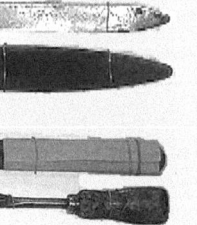

So hat JÜRGEN schon in seiner Gesellenzeit die junge MARIA kennengelernt und ist mit ihr auch schon manchmal auf dem Tanz gewesen. Als sie 18 ist, hält er um ihre Hand an. Er ist nun Meister, und sie soll den zunehmend größeren Haushalt führen, in dem die Gesellen als

"Natural-Lohn" die Beine unter den Tisch strecken und sich verköstigen lassen dürfen.

Am 25. November 1767 geben sich die beiden in der großartigen Stadtkirche St. Nicolai, dem heutigen Greifswalder Dom und Bischofssitz, das Jawort. Jürgens Stiefmutter kann als seine einzige direkte Angehörige die Hochzeit noch mitfeiern. Sie stirbt aber dann bereits knapp zwei Jahre später im Alter von nur 57 Jahren.

Englische Namensgebung?

Für das Brautpaar wird es eine glückliche Ehe. Sieben Kinder weist der Stammbaum für diese Familie nach, vier Töchter und drei Söhne. Von einigen sind allerdings, neben den Vor- und Nachnamen, nur die Geburtsdaten bekannt.

Erstaunlicherweise weichen die Schreibungen der Familiennamen fast aller dieser Kinder nun stark vom ursprünglichen Familiennamen „TÄGER" ab, ohne dass wir den wahren Grund wissen. Fünf der Kinder, darunter das Erst- und das Letztgeborene, heißen jetzt plötzlich „TEGGER". Der zweitgeborene Sohn heißt „TEGER"; bei ihm schimmert also noch das Urwort für die Namensgebung der „TÄGER", die niederdeutsche „Ziege", durch. Als Spenderin des feinen Leders war sie im Beruf des Amtsmeisters der Schuhmacher in GREIFSWALD wohl noch nicht vergessen.

Seltsamerweise erscheint einzig das fünfte Kind der Familie, JACOB, das im Jahr 1779 geboren wird und nach seinem Großvater den weiteren Vornamen CHRISTOPHER erhält, in der bis dahin angewendeten Schreibung „TÄGER". Er wird dann zum Stammvater in der weiteren Familienchronik. Die Geschicke seiner Nachfahren und Namensträger hat mein Vater LUDWIG TÄGERT dann im Jahr 1936 bei seiner Suche nach den Ahnen bis in die damalige Gegenwart hinein

Heirat im Dom St. Nicolai. Daneben das Korbmacherhaus, der vermutliche spätere Wohnsitz der TÄGER (Aufn. LUDWIG TÄGERT 1936)

verfolgt, während uns von den übrigen Kindern von Jürgen Täger, außer bei der schon genannten Ältesten, Maria Dorothea, keine weiteren Informationen vorliegen.

Die Namensabweichung „Tegger" bei fünf der Kinder und „Teger" bei einem weiteren sind natürlich sehr auffallend und wirken nicht zufällig, sondern systematisch. Deswegen scheidet auch die Vermutung aus, es könne sich um unabsichtliche Schreib- oder Lesefehler handeln. Solche Fehler wären ja prinzipiell vorstellbar, denn die alte „Kurrentschrift", in der auch die Kirchenbücher dieser Zeit geschrieben sind, und die sich seit etwa der Reformationszeit im gesamten deutschen Sprachraum als Verkehrs- und Verwaltungsschrift durchgesetzt hatte, ist für uns heute Lebende nicht immer leicht zu entziffern.

Wenn aber die Änderungen eher systematischer Natur sind, ist zu fragen: Von wem gingen die neuen Schreibungen aus, vom jeweiligen Kirchenbuchschreiber, oder von den Eltern?

Gehen wir zunächst einmal davon aus, dass es sich bei „Tegger" um eine Namensform handelt, die zwar im deutschen Sprachraum ungebräuchlich ist, aber im Angelsächsischen Raum weit verbreitet ist. Würde man den Kirchenbuchschreiber als den Urheber der Veränderungen verdächtigen, dann könnte man ihm einen Akt von Fremdenfeindlichkeit und „Mobbing" unterstellen. Ursache dafür könnten die Wut auf die oben genannten Schotten sein, die zeitweilig auch in Greifswald saßen und die mit ihrem cleveren Geschäftsgebaren bei den deutschen Zünften viel Widerstand und Abneigung hervorgerufen hatten. Vielleicht wollte der Urkundenschreiber auf die gehassten Eindringlinge von den britischen Inseln anspielen, wenn er Kinder des Greifswalder Neulings und aufstrebenden Handwerkers Jürgen Jochim Täger „versehentlich" mit englischen Namen versah.

Viel wahrscheinlicher ist aber, dass diese Namensveränderung ins Englische von den Eltern selbst veranlasst worden sind. Es könnte sich dabei um eine Modeerscheinung und eine Konzession an den Zeitgeist gehandelt haben. Denn der Namenswechsel geschieht genau in der Zeit, in der in Greifswald auch die Kleidermode wechselt, vom bislang vorherrschenden französischen Einfluss nun zum englischen. Mit der absichtlichen Namensänderung seiner Kinder könnte sich also der wendige Handwerker Jürgen Jochim Täger seinen Kunden gegenüber als „modern" und zeitbewusst präsentiert haben (mehr dazu weiter unten).

Aus den Geburtsdaten der ersten drei Kinder von Jürgen und Maria Täger entnehmen wir eine rasche Geburtsfolge. Sie kommen fast im Jahresabstand zur Welt. Später vergrößert sich der Abstand, und es gibt auch regelrechte „Nachzügler". Aber nur von der erstgeborenen Tochter Maria Dorothea und vom Stammhalter Jacob Christopher, dem Fünften in der Geschwisterreihe, wird eine spätere Eheschließung bezeugt. Daraus könnte man schließen, dass die anderen Kinder nicht das heiratsfähige

Alter erreicht haben. Solche Dramen früher Kindstode können natürlich bei den damaligen medizinischen und hygienischen Verhältnissen nicht ausgeschlossen werden, Zeugnisse darüber liegen uns aber nicht vor. Vermutlich hätte LUDWIG TÄGERT dann auch diesen Tod vermerkt und die Todesdaten eingetragen, soweit sie ihm zugänglich waren. So wissen wir leider nicht, was aus diesen übrigen fünf Kindern, drei Mädchen und zwei Jungen, geworden ist.

Dass die einzige verehelichte Tochter MARIA DOROTHEA um das Jahr 1796 einen „Schauster" heiratet, überrascht uns nun nicht mehr weiter, da ja vom Stand her Handwerk zu Handwerk strebt. Ob diese Familie Nachkommen gehabt hat, und was aus ihnen geworden ist, geht leider aus den damaligen Recherchen von Ludwig Tägert im Jahr 1936 nicht hervor.

Amtsmeister mit eigenem Status und besonderer Kleidung

Beruflich ist der Vater JÜRGEN JOCHIM TÄGER nun anerkannt und erfolgreich. Mit seiner Heirat ist er endgültig in der Greifswalder Stände- und Zunftgesellschaft „angekommen". Obwohl, oder vielleicht auch gerade *weil* er nicht ein gebürtiger Ortsbürger ist, wählen ihn seine Kollegen zum „Amtsmeister", also zum einflussreichen Sprecher ihrer Zunft mit zahlreichen Befugnissen und Aufgaben. Als solcher gehört er zum „zweiten Stand", dem auch der „Vierzigermeister", alle weiteren „Vierziger" – also der neben dem Stadtrat agierende Senat aus den 40 vornehmsten Familien –, ferner die Amtsmeister, aber auch alle Akademiker, Kaufleute und von ihren Pensionen lebenden Bürger angehören.

Als Amtsmeister steht JÜRGEN-JOCHIM TÄGER nun auch im Blick einer

Noch ganz in Schwarz mit Spitzen und Silberknöpfen: Amtskleidung des Amtsmeisters

breiteren Öffentlichkeit. Zur Repräsentation gehört natürlich eine entsprechende Amtskleidung. Ihr Stoff, Schnitt und Schmuck gibt die Standeszugehörigkeit und den Rechtsstatus des Trägers an und spiegelt sein Ansehen und Prestige in der städtischen Gesellschaft wider. Um einen Wettstreit beim Outfit zu vermeiden, ist aber allzu großer Pomp untersagt.

Den Angehörigen des „Zweiten Standes" sind schwarze seidene Stoffe und gegossene silberne Knöpfe zugestanden. Auch „ausländische und feine Kanten", also wohl Brabanter Spitzen, dürfen ihre Gewänder zieren. Dagegen sind ihnen bei Geldstrafe „alles Gold und Silber an Borden, Gold und silbern Kanten, gewürckten Knöpffen und Bänden" an der Kleidung verboten. Dieser Zierrat, ebenso wie die „coleurt-geblümten" seidenen Stoffe, sind dem „Ersten Stand" vorbehalten, zu dem die Ratsherren und „Regenten" der Stadt, also neben den Herren Bürgermeister die „Doctores, Licentiaten, Cammerherrn, und andere Rathspersonen", gehören.

Noch bescheidener muss sich der „Dritte Stand" geben, dem die übrigen Amtsbrüder der Handwerke, die Zunftmeister und wohlhabenden Bürger angehören. Und der „Vierte Stand" aus allen übrigen Bürgern, den einfachen Handwerkern, Heuerlingen, Badern, Tagelöhnern, Dienstboten, Knechten und Mägden, hatte zur Repräsentation ohnehin kein Geld. „Inspectoren" sind eingesetzt, welche „gute Obacht" auf die Kleiderordnung geben sollen und zur Durchsetzung deftige Strafen verhängen können.

Im modischen Stil befinden wir uns allerdings am Übergang des Hoch- zum Spätrokoko. Die bis dahin führende französische Mode des Hofs von Versailles klingt in diesen Jahren gerade aus. Sie hatte den Herren als grundlegende Kleidungsstücke Kniehose, Rock und Weste vorgeschrieben. Die Hemden ragten nur wenig unter den Rockärmeln hervor. Die untere Vorderkante des Rockes wurde immer weiter nach außen weggeschnitten und nur noch über der Brust geknöpft. Dieses Oberkleid war mit einem Kragen zum Umlegen oder einem niedrigen Stehkragen versehen. Zweireihig geknöpfte Westen bedeckten den Bauch notdürftig und ließen den Hosenschlitz sichtbar werden, der mit einem lederhoseartigen Latz verdeckt wird.

Seit 1770, also kurz nach Jürgen Jochims Heirat, gewinnt aber die neuartige und viel natürlichere englische Landhausmode auf dem Kontinent zunehmend an Bedeutung. Sie verkörpert das neue Lebensgefühl der Bessergestellten. Der englische Adel hatte es für das Leben auf seinen Landsitzen entwickelt.

Zwanglose Mode: Lässigkeit im Stil der Engländer

Nun werden Reiten, Fahrten ins Grüne, Spaziergänge und Jagdausflüge auch bei den gehobenen Bürgerständen der Städte Teil der neuen Freizeitgestaltung. Auf alles, was für diese Bewegung im Freien hinderlich ist, wie weite Ärmelaufschläge bei den Herren und große Rockunterbauten bei den Damen, kann man jetzt verzichten.

Von da an dauert es nicht mehr lange, bis sich auch für den Vierten Stand und für alle, die mit ihm sympathisieren, die Kleidergewohnheiten radikal ändern. Als „Sansculottes" lehnen sie seit der französischen Revolution die feinen Kniebundhosen und Seidenhemden ihrer Herrschaften bewusst ab und tragen nur die groben Hosen der Hafenarbeiter, welche die Vorläufer der heutigen Jeans sind, und dazu grobe Hemden. Und statt barfuß zu gehen oder teuere lederne Schuhe zu kaufen, tragen sie an den Füßen nun hölzerne Clogs.

Verantwortung für die Streiche der Gesellen und Lehrbuben

Solche vertieften Gedanken über die Kleidung dürfte sich aber JÜRGEN damals wohl nicht gemacht haben. Er hatte, neben der Sorge um seinen Betrieb und der Verantwortung für seine Zunftbrüder und das ganze Zunftwesen, ja auch die Fürsorgepflicht für seinen eigenen Hausstand mit Frau und bis dahin sechs unmündigen Kindern. Dazu kamen die Gesellen, Lehrlinge, Knechte und Mägde und manche durchreisende Wandergesellen, alles in allem wohl an die 20 Personen, deren leibliche Betreuung der Meistersfrau oblag.

Insbesondere die Lehrbuben waren auch damals keine antriebslosen Marionetten, sondern pubertierende Knaben mit einem dieser Spezies eigenen unerschöpflichen Potenzial an Schabernack und Streichen. Gelang es dem Meister, im eigenen Haus Ordnung zu halten, so musste er doch damit rechnen, dass seine Lehrlinge in der Umgebung auffällig wurden. Und dann musste er notgedrungen seinen Kopf für sie hinhalten.

So wird zur selben Zeit aus der mecklenburgischen „Schausterstadt" REHNA ERZÄHLT: Am dort durchfließenden Flüsschen Radegast, wo nicht nur die Ledergerber ihre Arbeitsstelle, sondern auch der Müller und der Schusters-Amtsmeister wohnten und arbeiteten, hätte alle von den fetten Fischen in diesem fließenden Gewässer gewusst. Und natürlich hätten die Lehrbuben und Gesellen in den Arbeitspausen dort die Fäden ihrer Angelruten mit Erfolg hinein gehalten. Der adlige Fischerei-Pächter hätte beim Stadtrat protestiert, und der Amtsdiener habe, um Ordnung zu schaffen alle Haushalte aufgesucht, alle Angelruten konfisziert und zerbrochen , derer er habhaft werden konnte und den Amtsmeister verwarnt, seine Lehrlinge und Gesellen besser zu beaufsichtigen.

Natürlich habe diese Moralpredigt nichts genutzt. Wer wollte auch einsehen, dass ein fischreiches Flüsschen mitten im Ort nicht für alle da sein sollte? Schließlich sei der Amtsmeister zu 10 Talern Strafe verurteilt worden. Ihn als Lehrherrn, nicht die Eltern, machte man also damals für die Erziehung haftbar!

3. Eine unerwartete Wende in der Familiengeschichte

Trotz solcher alltäglichen Sorgen erlebt JÜRGEN JOCHIM TÄGER das erfolgreiche Leben als geachtete Amtsperson des Handwerks. Hat er nicht das erreicht, was seinen Eltern vorschwebte, als sie ihn zur weiten Reise nach Pommern ermutigten und ihm für den radikalen Neuanfang das nötige Kapital mitgaben: eine große Familie, ordentliche Einkünfte, einen Status in der gehobenen Gesellschaft?

Doch mitten hinein in dieses scheinbare Glück erfolgt plötzlich ein scharfer und folgenreicher Einschnitt, der zur radikalen und nachhaltigen Neustellung der Weichen auch für die Generationen der Nachkommen führt, und der auch heute nur schwer zu ergründen ist. Es ist nur eine unscheinbare Notiz im Stammbaum von JÜRGEN JOCHIM TÄGER, die uns aufhorchen lässt: *„Seit 1784 Küster und Schullehrer in Kemnitz bei Greifswald."*

JÜRGEN, der inzwischen 47 Jahre alt ist und sozusagen mitten in einem erfolgreichen Leben steht, gibt also unerwartet seinen handwerklichen Beruf und sein Zunftamt auf und verlässt mitsamt Ehefrau und seinen bis dahin geborenen vier unmündigen Kindern GREIFSWALD, die Stadt seiner Träume. Im 7 km entfernten Dorf KEMNITZ bezieht er das Lehrerhaus, um dort ganz von vorn anzufangen!

Wer den damaligen Status eines Amtsmeisters im Handwerk mit dem eines Küsters und Volksschullehrers vergleicht, dem schwant Schlimmes. Während der Amtsmeister im Zweiten Stand der Stadt fest etabliert ist, taucht der Küster und Lehrer in solchen Standesverzeichnissen bis dahin gar nicht auf. Manche meinen, dass er sich von seinem erzielbaren Einkommen und von seinem Ansehen her dem untersten Stand zurechnen lassen muss.

Allerdings ergibt unsere Spurensuche hier in Wahrheit doch ein etwas ermutigenderes Bild. Das Amt des Küster-Lehrers ist zu der Zeit gerade durch Reformmaßnahmen der Regierungen fast überall in neuem Aufschwung begriffen. Allerdings erfordert die Beschäftigung mit Schulkindern auf dem Lande in einer Zeit, die noch keine allgemeine Schulpflicht und keinen ordentlichen Lehrplan kennt, eine vertiefte Einfühlung und Hingabe und bereitet auch ungleich mehr Ärger, als die Anleitung von Lehrlingen und Gesellen im Rahmen einer geordneten Zunftausbildung. Warum tut JÜRGEN sich in diesem Alter einen solchen Wechsel an?

Wir werden dieses Rätsel nicht endgültig lösen, weil uns die tatsächlichen Begründungen und Zeugnisse dafür fehlen. Wir können nur versuchen, uns, ähnlich wie bei der Namensherleitung, mit möglichst überzeugenden Argumenten an das Geheimnis heranzutasten. –

Gehen wir zunächst einmal davon aus, dass eine wirtschaftliche Verbesserung für die Familie mit diesem Schritt nicht verbunden war, so müssen andere Gründe dafür ausschlaggebend gewesen sein. Sie können in äußeren Verhältnissen, in menschlichen Befindlichkeiten, aber auch in inneren Überzeugungen wurzeln.

Handwerk in der Krise

Äußere Gründe können in der krisenhaften Entwicklung des Handwerks im ausgehenden 18. Jh. angelegt sein. Allgemein wird ja in den Geschichtsbetrachtungen von einem schleichenden Niedergang des Zunftwesens bereits seit der Reformationszeit und dem Dreißigjährigen Krieg gesprochen.

Die alten Zunftordnungen erweisen sich zunehmend als unflexibel und überlebt; ihre teuren Rituale mit Fressen und Saufen und vielen Feiertagen überfordern die einzelnen Betriebe.

Zudem mangelt es dem heimischen Handwerk an der Fähigkeit, sich hinreichend auf die neue Stilrichtungen und Herausforderungen der Zeit einzustellen.

Erhöhter Konkurrenzdruck von außen macht das überkommene einheimische Handwerk zunehmend unrentabel. Wie schon einmal seinerzeit nach der Reformation sind es die eingewanderten Schotten in ihren Niederlassungen in und um GREIFSWALD, die mit ihrer Anpassungsfähigkeit an den Markt die tiefe Krise des eingesessenen Handwerks beschleunigen.

Diese Handwerkskrise liegt aber auch im Greifswalder System begründet und ist insofern mit verschuldet: Schon immer hat der Greifswalder Stadtrat die Kaufleute bevorzugt und die Handwerker benachteiligt. Diese Schere geht jetzt noch weiter auf, indem die Kaufleute auch den Handel mit den Produkten des Handwerks zunehmend an sich ziehen und die Handwerker abhängig machen.

Bisher konnten die Zünfte die Löhne, die Preise, und vor allem den Zugang zum Markt selbst kontrollierten. Nun macht ihnen die wachsende Gewerbefreiheit und die Trennung von Produktionsstätte und Verkauf schwer zu schaffen. Während die Kaufleute ihre Gewinne steigern, werden die alten Meister unter einem geradezu ausbeuterischen Druck zur Fertigung immer billigerer Produkte getrieben.

Es kann also sein, das Jürgens Schuhmacherbetrieb einfach unrentabel geworden ist und die vielen davon abhängigen Personen nicht mehr ernähren kann.

Begabung für Pädagogik und Impulse der Aufklärung

Es kann aber auch menschliche Probleme gegeben haben. Vielleicht hat JÜRGEN als Amtsmeister eine verletzende Behandlung erlebt und wirft einfach im Zorn und Ärger das Handtuch, um seinen Personkern zu schützen.

Letztlich kann aber auch eine ganz bewusste persönliche Entscheidung seinem Schritt zugrunde liegen, die ihn in dieser Krisenzeit bewusst eine neue Herausforderung suchen lässt. Diese Entscheidung kann im persönlich-beruflichen, aber auch im religiösen Bereich wurzeln.

Vielleicht hat JÜRGEN, angeregt durch die Begegnung mit dem Halleschen Theologen THEOPHIL PIPER, von dem im folgenden Abschnitt noch ausführlicher berichtet wird, erkannt, dass seine Begabung gar nicht so sehr das Handwerk, sondern die Pädagogik ist. PIPER scheint seinerzeit als Mann der Kirche regelrecht für ein Schulprogramm in den umliegenden Orten geworben zu haben, für das er nun unter den Handwerkern geeignetes Personal sucht.

Wir müssen uns ja vergegenwärtigen, dass in dieser Zeit der „Aufklärung" das Streben nach Bildung eine faszinierende Blüte erlebt. Man sucht, nach den einengenden Zwängen des Absolutismus, nach neuen Erkenntnissen über den Menschen, über das Verhältnis von Mensch und Natur, und über die Frage nach dem adäquaten moralischen und politischen Umgang miteinander. Mancher, der beruflich oder menschlich bisher in überkommenen Geleisen gefahren ist, fragt sich nun ernsthaft: Was ist mein Sinn, wozu bin ich eigentlich da?

Genau in diesem Jahr 1784, indem JÜRGEN seinen Berufswechsel vollzieht, hat ja IMMANUEL KANT seinen legendären, oben schon erwähnten inspirierenden Essay über die Aufklärung herausgegeben. Leidenschaftlich, ja fast schon penetrant hämmert er seinen Lesern immer wieder ein, sie müssten sich endlich des

Lichtgestalt der deutschen Aufklärung:
IMMANUEL KANT (Historisches Litho aus Meyers Lexikon 1907)

eigenen Verstandes bedienen. *„Faulheit und Feigheit sind die Ursachen, warum ein so großer Teil der Menschen ... gerne Zeitlebens unmündig bleiben; und warum es Anderen so leicht wird, sich zu deren Vormündern aufzuwerfen. Es ist so bequem unmündig zu sein ..."*

Zu diesem zum Aufbruch fordernden Klima der Aufklärung und den Erkenntnissen über die eigene pädagogischer Eignung kommen bei JÜRGEN JOCHIM TÄGER wohl noch religiöse Überlegungen hinzu, die auch andere Menschen damals zum Nachdenken über eine nachhaltige Veränderung des eigenen Lebens veranlasst haben: die Begegnung mit dem Pietismus Hallescher Prägung.

Die Belebung der niederliegenden Pädagogik und Bildung in Greifswald durch den Halleschen Pietismus

Es war der Theologe und Pädagoge AUGUST HERMANN FRANCKE (1663-1727), einer unserer weiteren Vorfahren, gewe-

Erneuerer der Pädagogik:
AUGUST HERMANN FRANCKE (Radierung 1854 aus „Zweihundert Deutsche Männer")

sen, der sich seit seiner gläubigen Bekehrung der Unterweisung von Kindern aus dem Waisen- und Armenmilieu zugewandt und in HALLE/Saale eine pädagogische Einrichtung mit umfassendem Bildungshorizont gegründet hatte, die nach ihm benannten „Franckeschen Anstalten", die heute als Welt-Kulturerbe vorgeschlagen sind. Vor allem seine pädagogischen Impulse hatten damals in ganz Deutschland in den mittleren und unteren Schichten viel Widerhall gefunden und viele Regierungen und Ratsherren zum Handeln veranlasst.

Dass Kinder ein Recht auf Bildung haben, war zwar schon seit der Reformation unbestrittener Konsens in den lutherisch und reformiert geprägten Ländern, geriet aber immer wieder in die finanzielle Zwickmühle der Kostenträgerschaft einerseits, der verbreiteten Beschäftigung von Kindern in der Landwirtschaft und im Handwerk andererseits.

Viele Fragen waren offen. Wer sollte den Bau und kostspieligen Unterhalt der Schulhäuser und die Besoldung der Lehrer zahlen? Sollte es eine Bildung für alle geben, oder weiterhin nur für Kinder der betuchteren Oberschicht? Sollte eine allgemeine Schulpflicht eingeführt werden und ein differenziertes Schulsystem? Nach welchem Plan und auf welche Ziele hin sollte man die Schüler unterrichten? Und welcher besonderen Qualifikationen erforderte der Lehrerberuf?

Abgesehen vom Aushängeschild der Universität, an der sich die Kinder der gehobenen Schichten fortbilden lassen konnten, hatte sich der Greifswalder Stadtrat lange Zeit hindurch nicht sonderlich um das Schulwesen für die breite Bevölkerung gekümmert. Das war nach der Reformation zunächst anders gewesen. Angeregt durch die Forderungen der Reformation Martin Luthers *„An die Ratsherren aller Städte deutschen Landes, dass sie christliche Schulen aufrichten und halten sollen"* hatten die Räte ihre Schule bereits im Jahr 1561 als „Ratsschule" eingerichtet. Aber seit den Nöten des 30-jährigen Krieges und dem Wechsel unter schwedische Herrschaft hatten sie dem Niedergang ihrer Bürgerschule tatenlos zugesehen und sparten hier.

In der Theorie waren die Kantorlehrer zwar gut besoldet. In der Praxis mussten sie aber immer wieder riesigen Gehaltsrückständen von manchmal mehreren Jahresgehältern nachlaufen und waren deshalb oft nicht motiviert, sich mit ungezogenen Schülern herumzuärgern. Entsprechend schwach waren die Leistungen, die man insbesondere auf dem wichtigen Gebiet der Musik vorzuweisen hatte; der Chorgesang im Gottesdienst und bei Beerdigungen klang oft jämmerlich, weil die Schüler die Übungsstunden schwänzten. Die Lehrer konnten sich oft nicht durchsetzen, resignierten und ergaben sich dann leicht dem Alkohol oder zweifelhaften Liebschaften.

Doch dann hatten die Ideen von AUGUST HERMANN FRANCKE auch in GREIFSWALD gezündet und zu neuem pädagogischem Eifer geführt. Ja, es war über Nacht fast zu einer Mode geworden, sich der Halleschen Pädagogik zu öffnen. Und so hatte der Stadtrat im Jahr 1768 den in HALLE ausgebildeten pommerschen Theologen THEOPHILUS COELESTINUS PIPER (1745-1814), zum Rektor der Großen Stadtschule in GREIFSWALD berufen.

PIPER war elternlos im Waisenhaus der Franckeschen Anstalten in HALLE aufgewachsen und hatte die dortige Erziehung genossen. In seiner neuen Position an der Stadtschule war er bis zum Jahr 1783 tätig und wechselte dann an die Universität GREIFSWALD.

Überzeugt vom Halleschen Theologen THEOPHIL PIPER

Als Lehrer und Rektor hatte es THEOPHIL PIPER nicht leicht. Sein Eifer, zu lernen und zu lehren, verschaffte ihm in der Stadt zwar allgemeine Achtung, doch lief in der Schule selbst noch zu vieles aus dem Lot. Schüler kamen nicht zum Unterricht oder verweigerten die Mitarbeit.

An sich waren PIPER disziplinarische Rektoratsrechte zugestanden; er durfte z.B. Geldstrafen für das Schwänzen von Unterricht verhängen. Auch war es damals noch ein überliefertes Recht, störrische Schüler auch körperlich zu züchtigen. Aber von solchen Übergriffen wollte PIPER aufgrund seines christlichen Menschenbildes nichts wissen und untersagte auch den anderen Kantoren jede Handgreiflichkeit gegenüber Schülern. Verzichten sollten sie nun auf Ohrfeigen, Stockschläge auf Kopf und Finger, Herumziehen an den Haaren und Stöße mit den Füßen. Jede Unterrichtsstunde sollte mit einem Gebet beginnen und mit einem geistlichen Lied schließen.

Berufung an die Stadtschule: Die alte Ratsschule in Greifswald vor dem Abriss und Neubau 1793

Diese neue milde Pädagogik wurde von renitenten Schülern gern missverstanden, sie reagierten mit chaotischem Verhalten. Wohlhabende Eltern, denen der Unterricht nun zu ungeordnet erschien, schickten ihre Kinder deshalb lieber zu Privatlehrern; die Zahl der Schüler in der Stadtschule sank und damit auch die Einnahmen aus dem Schulgeld.

PIPER hatte in seinem Amt auch die Familie von JÜRGEN TÄGER kennen– und schätzengelernt. Er hatte auch ihre Kinder unterrichtet. Aufgrund der anregenden häuslichen Erziehung folgten sie Pipers Unterricht weitaus williger und mit mehr Gewinn als andere, für deren Erziehung sich die Eltern nicht so interessierten.

Darüber hinaus stand PIPER als Theologe von Anfang an auf den Kanzeln der drei Greifswalder Kirchen und überzeugte viele durch seinen beredten Kanzelvortrag und seinen Glaubensernst. Auch als Dichter bewies er seine Sprachkunst und war mit seinen geistlichen Lieder und „vermischten Gedichten" in vieler Leute Munde.

Dann suchte der schwedische König GUSTAV III. einen geeigneten Theologen für die Universität GREIFSWALD. Im Jahr 1783, ein Jahr, bevor JÜRGEN JOCHIM TÄGER seinen Beruf wechselte, wurde PIPER zum ordentlichen Professor der Theologie und zugleich zum Pfarrer an St. Jacobi berufen. Später, in den Jahren 1785 und 1795, fungierte PIPER auch als Rektor der Universität.

1812 versah er dann zeitweise auch das Amt des Generalsuperintendenten von ganz Schwedisch-Pommern und war damit für das geistliche Leben und ganze Schulwesen in diesem Landstrich verantwortlich.

Die Universität hatte das Patronat auch über die umliegenden Dorfschulen. PIPER oblag deren Visitation und die Besetzung der Schulstellen. Mit großem Eifer bemühte er sich nun, diesen Landschulen durch eine Verbesserung der räumlichen Verhältnisse und die Berufung geeigneter Küster-Lehrer neues Niveau zu geben. Damit wurde er auch der zukünftige Dienstherr von JÜRGEN JOCHIM TÄGER, ohne dass die beiden das in diesem Jahr der Weichenstellung 1783/84 bereits ahnen konnten.

Auf jeden Fall war aber Piper von großem Einfluss auf JÜRGEN TÄGER. Es spricht sehr viel dafür, dass er und dieser Pfarrer PIPER sich persönlich nicht nur sehr gut gekannt haben, beide müssen wohl auch menschlich voneinander überzeugt gewesen sein, und PIPER wusste die pädagogische Ader bei JÜRGEN zu schätzen. Denn JÜRGEN TÄGER war einer, der auch mit renitenten Jugendlichen menschlich überzeugend umgehen konnte. In gleicher Weise hatte er so auch schon pädagogisch als Amtsmeister überzeugt.

So ist es also durchaus möglich, dass es Pfarrer PIPER war, der JÜRGEN Jochim TÄGER zum Berufswechsel ins pädagogische Fach überreden konnte. Auf jeden Fall hat er mit der Ausstrahlung seiner Persönlichkeit den Anstoß dazu gegeben.

JÜRGEN war nicht einzige Greifswalder Handwerksmeister, der nun Lehrer wurde. Aus der Schulchronik des 18 km südöstlich gelegenen GÖRMIN, dessen

Ländereien wohl zum ehemaligen Kloster ELDENA gehört hatten und nun den Gutsbetrieben der Universität unterstanden, erfahren wir, dass zur gleichen Zeit zwei gelernte Schneider und ein weiterer Schuhmacher, der zwischenzeitlich als Chirurg (!) praktizierte, nun die dortigen Dorfschulen leiteten. Von dem Schuhmacher wird gesagt, dass er die pädagogische Ausbildung einerseits vom Vater empfangen habe, andererseits im Jahr 1780 aber auch in GREIFSWALD „in dem Seminario", also wohl beim Rektor PIPER, gewesen sei.

Man kann fragen, ob es nicht nahegelegen hätte, dass JÜRGEN gleich die Lehrerstelle an der Greifswalder Stadtschule übernommen hätte, die durch die Berufung Pipers an die Universität frei geworden war. Doch lag diese Schule zu dieser Zeit durch das Desinteresse des Stadtrates und die Unfähigkeit der bisherigen Lehrer so darnieder, dass sie erst einer gründlichen Reform bedurfte.

Diese Reform hätte sich auch auf die Lehrerbesoldung erstrecken müssen. Eine allgemeine Schulpflicht bestand in GREIFSWALD zu dieser Zeit immer noch nicht, sie wurde erst dem Jahr 1825 in Vorpommern eingeführt. Anderseits stellte das bescheidene Schulgeld, das die Kinder zahlen mussten, eine wesentliche Einnahmequelle für die Lehrkräfte dar, nachdem die Grundbesoldung durch den Stadtrat sehr unzuverlässig war.

Ganze 16 Schüler wies die baufällige Schule im Jahr des Weggangs von PIPER 1783 auf. Bei diesen geringen Schülerzahl stellte sich jedem Bewerber die Frage, wovon er als Lehrer überhaupt leben sollte.

Außerdem fehlte TÄGER natürlich noch jede pädagogische Ausbildung für die Leitung einer Stadtschule. Und er kann auch keinesfalls die hohen Ansprüche der Greifswalder für die musikalische Ausgestaltung der Gottesdienste und Feiern befriedigen, die mit dem Amt des Lehrers verknüpft waren; er sollte ja sonntags zugleich als Kantor fungieren, wie noch WILHELM BUSCH fast 100 Jahre später in seinen Geschichten von Julchen treffend bemerkt.

So schlägt ihm PIPER vor, in das nah gelegene Dorf KEMNITZ zu gehen. Hier sind offenbar mehr Kinder eingeschult und es ist gerade die Lehrerstelle freigeworden. Auf dieser Dorfschule soll sich JÜRGEN TÄGER seine pädagogischen Sporen verdienen.

Hingegen sucht der Greifswalder Stadtrat für die Leitung seiner Stadtschule jetzt einen versierten Pädagogen und standfesten Reformer. So wird als Pipers Nachfolger auf die Stelle des Rektors im Jahr 1783 der Doktor der Philosophie und Privatdozent HEINRICH EHRENFRIED WARNEKROS (1752-1807) berufen. Er hatte sich durch seine Schriften über *Hebräische Alterthümer* (1782), denen er später noch *Der Geist Shakespear's* (1786) folgen ließ, allgemeine Anerkennung als Gebildeter erworben, aber vergeblich auf eine Festanstellung an der Universität gehofft.

Die Greifswalder Bürgerschule wird reformiert

Diese Maßnahme, WARNEKROS auf die Schulstelle zu berufen, erweist sich für das Weiterbestehen und die Entwicklung der Greifswalder Schule bis heute als Segen. Denn dieser gebildete Mann, dessen Vater ebenfalls aus dem Handwerk kam und als „Altermann" das Vertrauen der Stralsunder Braukompanie genoss, stürzt sich nun, um seinen Frust über die verpasste Universitätsstelle zu verarbeiten, mit Feuereifer auf die Reform der Greifswalder Stadtschule.

Gegen den Widerstand des Greifswalder Rates setzt WARNEKROS den grundlegenden Neuaufbau nach den aktuellen pädagogischen Zielen der Zeit durch. Er vertraut dabei auf die Unterstützung der Greifswalder Bürgerschaft der mittleren und unteren Stände, die zum Teil auch als Sponsoren das ehrgeizige Projekt unterstützen. Vor allem aber gelingt es ihm, die Regierung von Schwedisch-Pommern in STRALSUND für das Projekt zu gewinnen. Sie fördert nun aus Überzeugung die zeitgemäße Erneuerung der heruntergekommenen Schule.

So genehmigt die königlich-schwedische Regierung in einer Resolution des Jahres 1789, dass die baufällige „Mönchskirche" des ehemaligen Klosters ELDENA

Schulneubau aus den Trümmern des ehemaligen Klosters Eldena: Morbides Motiv in vielen Gemälden von CASPAR DAVID FRIEDRICH, hier „Winterbild" 1826

abgetragen und „alles, was an Materialien noch brauchbar sei, zu der Baute eines neuen Hauses für die große Stadtschule verwandt werden könne". Für den Greifswalder Maler CASPAR DAVID FRIEDRICH sind die stehengebliebenen Reste des Klosters 36 Jahre später zu einem elegischen Lieblingsmotiv für die Todesverfallenheit alles Lebendigen geworden.

Im Jahr 1793 beginnt der großzügige Neubau des Schulgebäudes; sechs Jahre später wird es feierlich eingeweiht. Die Schülerzahl steigert sich rasch von den genannten kläglichen 16 auf 101 im Jahr 1800. Nunmehr können auch mehr qualifizierte Lehrer angestellt werden.

Aus der alten Greifswalder Lateinschule wird nun eine bürgerliche Bildungsanstalt, die den Anforderungen der Aufklärung und der aufkommenden Naturwissenschaften gerecht werden kann.

Dabei bildet die große Bibliothek, die WARNEKROS' Vorgänger PIPER nach dem Muster der staunenswerten Halleschen Bibliothek Franckes angelegt hat, einen wissenschaftlichen Grundstock, auf dem die zukünftige Realschularbeit weiterbauen kann.

Zwei Generationen später wird mit PAUL HINRICH FRIEDRICH TÄGERT der Enkel von JÜRGEN TÄGER in den Lehrkörper des Ratsgymnasiums von GREIFSWALD aufgenommen werden; er ist zugleich der erste, der sich in dieser Familie mit dem Schluss-„t" schreibt und damit bei den folgenden Generationen verewigt. Erst im 20. Jh., in der Hitlerzeit, erhielt diese Schule den Namen „Friedrich-Ludwig-Jahn-Gymnasium" nach dem berühmten, aber politisch umstrittenen „Turnvater Jahn".

Doch folgen wir zunächst noch den Spuren von Paul Hinrichs Großvaters, der diese mutige Weichenstellung hin zu pädagogischen und akademischen Berufen veranlasst hat. JÜRGEN JOCHIM TÄGER bezieht nach seiner Lebenswende mit seiner Familie die bescheidene Lehrerwohnung im Schulhaus von KEMNITZ vor den Toren von GREIFSWALD.

Das neue Ratsgymnasium Greifswald von 1799: Wirkungsort von PAUL TÄGERT (hist. Postkarte 1902)

III. SCHRITTE IN DIE BILDUNGSGESELLSCHAFT

1. Kemnitz – neuer Wohn- und Dienstort von Jürgen Jochim Täger als „Köster und Schaulmeister"

KEMNITZ gehört zum Amt LUBMIN und liegt in der landschaftlich sehr reizvollen Umgebung des Ziesetals rd. 8 km östlich von GREIFSWALD an der „Dänischen Wiek", einer Bucht des Greifswalder Bodden. Die laienhaften Aufnahmen, die LUDWIG TÄGERT 1936 von diesem Ort gemacht hat, zeigen ein Straßendorf an einer unbefestigten Durchgangsstraße mit verloren wirkenden reet-gedeckten Häusern mit vorgelagertem Anger in einer weiten Landschaft.

Tatsächlich ist KEMNITZ auch heute immer noch eine landwirtschaftlich geprägte Flächengemeinde aus neun kleinen Wohnorten mit gegenwärtig 1.200 Einwohnern, die aber durch die verkehrsgünstige Nähe zur Universitätsstadt GREIFSWALD in den Jahren der Wiedervereinigung Deutschlands zu einem typischen Wohnvorort mit zahlreichen neu gebauten Häusern von Bessergestellten geworden ist.

So entstanden seit dem Jahr 1990 allein in KEMNITZ über 120 Eigenheime. Auch haben sich durch die großzügige Ausweisung von Grundstücken Gewerbetreibende angesiedelt. Vier Betriebe, davon drei mit Viehwirtschaft, bearbeiten heute noch die großen landwirtschaftlichen Flächen, die einst, wie das ganze umliegende Land, zum Kloster ELDENA gehörten und die nach der Reformationszeit der Universität als materielle Basis für die

Fast wie in Osteuropa: Alte Bauernhäuser in KEMNITZ mit Reetdach, aufgenommen von LUDWIG TÄGERT bei seiner Spurensuche 1936

Errichtung von Gutsbetrieben zur Verfügung gestellt wurden.

Im Jahre 1207 als slawische Siedlung "KAMINICEZ" - KEMNITZ erstmalig urkundlich erwähnt, lebten die Bewohner früher von Landwirtschaft, Waldwirtschaft und vom Mühlenbetrieb, die dem Kloster unterstanden. Der 30jährige Krieg (1618-1648) hatte, wie überall, nachhaltige Verwüstungen in der ländlichen Region angerichtet; viele Hofstellen waren vernichtet, Felder lagen wüst, viele Menschen waren vertrieben oder umgekommen, das Vieh geraubt.

In dieser schweren Zeit, im Jahr 1634, schenkt der Pommernherzog BOGISLAW XIV. unter anderen auch das Dorf KEMNITZ der Universität GREIFSWALD. Im Brandenburg-Schwedischen Krieg 1675 brennt die Kemnitzer Mühle ab.

Doch sind in der Wiederaufbauphase nach den Kriegen viele Handwerker in KEMNITZ zugezogen, denen das hergebrachte strenge Zunftwesen in GREIFSWALD den Eintritt verwehrt hat; sie geben dem Dorfleben neuen Auftrieb. Daneben erstarkt die Landwirtschaft erneut und bleibt bis fast in die Gegenwart der dominierende Wirtschaftsfaktor in der Region. Die Besitztümer und Ländereien des ehem. Klosters ELDENA werden nun für die Universität von deren Pächtern auf den Gutshöfen großflächig bewirtschaftet.

Nach der Zählung von 1925 hatte das Gebiet 890 Einwohner. Zur Zeit von JÜRGEN JOCHIM TÄGER dürften es wohl um 500 Einwohner gewesen sein, davon etwa 100 schulaltrige Kinder. Ein Gemeinderat und ein gewählter „Gemeindevorsteher", heute „Bürgermeister", sind für die Gemeindeverwaltung verantwortlich. Ihr zuständiges Amtsgericht ist in GREIFSWALD; weitere Ämter sind seinerzeit in STETTIN, andere in STRALSUND.

Ein ehrwürdiger Landort mit wenig Sehenswürdigkeiten

Der Ort KEMNITZ bietet außer seiner Nähe zum Wasser und der wunderschönen umgebenden Natur nur wenige Sehenswürdigkeiten. Als mein Vater 1936 bei seiner Spurensuche auch diese Heimat seiner Vorfahren besuchte, fielen ihm nur einige hübsche reetgedeckte Häuser im Dorfzentrum von KEMNITZ auf. Er hielt auch die alte protestantische Heilig-Kreuz-Kirche aus dem Ende des 13. Jahrhunderts mit seiner einfachen Kamera fest.

Solche auffallenden Reethäuser, die einen gewissen Wohlstand verraten, dürften wohl schon gestanden haben, als JÜRGEN TÄGER mit seiner Familie am Ort zuzog. Noch viel älter ist die gotische Backsteinkirche mit ihren auffallenden, weiß verputzten Blenden. Sie wird im Jahr 1280 erstmalig genannt und gehörte einst zum Patronat des Klosters ELDENA. Diese in der Reformationszeit aufgelöste Zisterzienserabtei war 1199 nur wenige Kilometer entfernt als Stützpunkt für die Christianisierung Pommerns gegründet worden. An Salzgewinnungsstätten und an Kreuzungspunkten von alten Handelsstraßen gelegen, war dieses Koster ELDENA auch Keimzelle für die Gründung des Marktes GREIFSWALD. Dort hat-

„Der Friedhof der Väter": Heilig-Kreuzkirche KEMNITZ mit den Begräbnisstätten von JÜRGEN JOCHIM und JACOB CHRISTOPHER TÄGER, aufgenommen von LUDWIG TÄGERT 1936

ten sich alsbald viele Salzarbeiter und dann auch Kaufleute und andere Handwerker niedergelassen.

Die Heilig-Kreuzkirche, eine dreischiffige Hallenkirche, war als Parochialkirche zur Betreuung der umliegenden Ortschaften gedacht. Man betritt den Kirchhof durch ein denkmalgeschütztes, weiß verputztes Backsteinportal. Es hat eine Pforte sowie eine Durchfahrt (Bild S. 93). Im Kircheninneren fällt besonders der dem damaligen Geschmack der Zeit entsprechende „Kanzelaltar" aus der zweiten Hälfte des 18. Jahrhunderts auf, der also kurz vor der Zeit gebaut wurde, als JÜRGEN nach KEMNITZ zog (Bild S. 85). Die zentrale Anordnung der Predigtkanzel über dem Altar, ergänzt durch die zur selben Zeit errichteten umlaufenden Emporen, verkörpert die protestantische Lehre von der zentralen Bedeutung des Wortes Gottes inmitten der hörenden und lobpreisenden Gemeinde in der zweifachen Gestalt von gesprochenem Predigtwort und „sichtbarem Wort Gottes" beim Abendmahl.

Die einzige Glocke der Kirche wurde 1819 von einem Stralsunder Meister gegossen und erhielt erst 1842 ihren Platz im neu errichteten neugotischen Glockenturm.

Auffallend ist im Ort KEMNITZ eigentlich sonst nur noch der kleine Hanshägener Bach, der das Gemeindegebiet durchläuft und mit der Ziese in die Dänische Wiek mündet. Er dürfte auch für die Schuljugend ein besonderer Anziehungspunkt gewesen sein. Im Sommer spielten hier die Mädchen, und die Jungen suchten Abenteuer oder trieben Schabernack. Und im Winter stellten sich die Kinder auf Tierknochen, um damit Eiszulaufen. Die Bessergestellten verwendeten auch schon bald die ersten modischen Kufen.

Der Küster hat ein „liturgisches Ansehen" und ordentliche Einkünfte

Das Schulhaus in KEMNITZ ist damals, zu Ende des 18. Jh., noch ziemlich bescheiden. Zum Glück ist der einzige Schulraum wenigstens von der Lehrerwohnung getrennt. Das ist nicht überall so. Im nah gelegenen JARGENOW z.B. ist, wie die Schulchronik verrät, „Schul- und Wohnstube dieselbe, desgleichen in Passow, nur noch schlechter". Das fällt am letztgenannten Ort um so mehr ins Gewicht, als der Lehrer eine große Familie hat und noch zwei Lehrbuben beherbergen muss.

In GÖRMIN gar ist „das Schullokal ...

das elendeste der Welt ..., Tische und Bänke gehören dem Küster, sind unzulänglich und des Lokals wegen nicht anzubringen; Lehrapparat fehlt ganz." Auch in PASSOW hat der Kantor die Schulmöbel auf eigene Kosten anschaffen müssen; hier fehlt ein Holzfußboden, der den meist barfüßigen Kindern ein bisschen Fußwärme geben könnte.

Die äußeren Zustände scheinen in KEMNITZ besser zu sein, aber die Kinder müssen sich auch hier wegen ihrer großen Zahl zusammendrängen. Damit sie nicht frieren, müssen sie im Winter Heizmaterial mitbringen. – Erst über 100 Jahre später, im Jahr 1893, erhält der Ort eine größere und komfortablere Schule.

Hier also soll nun Jürgens neues Leben in der Doppelfunktion als Küster und Schullehrer beginnen.

Es handelt sich um zwei unterschiedliche kirchliche Ämter, die damals in der Regel aber kombiniert sind. Allerdings wird der Küster in der Literatur meist nur in seiner Eigenschaft als Lehrer der Dorfschule, aber kaum je als Mitarbeiter der Gemeinde im gottesdienstlichen Leben gesehen und gewürdigt, darum seien hier seine durchaus umfangreichen liturgischen Funktionen in Erinnerung gebracht.

In seinem kirchlichen Amt als „Küster" – vom lat. „custos", der Türhüter, nach Psalm 84, 11 *„Ich will lieber die Tür hüten in meines Gottes Hause, als wohnen in der Gottlosen Hütte"*; auch als „Kirchner" oder in Süddeutschland als „Mesner" bezeichnet – muss er, nach einer Kirchenordnung von 1684 *„sowol das Kirchengebäu als auch die Glocken, Orgeln und andere Kirchengeräth treulich verwahren und verschließen ..., zu rechter Zeit das Geläut verrichten, das Uhrwerk richtig stellen, die Kirche, wann nöthig, auf- und zuschließen, alles rein und sauber darin halten und sonsten dem Pastor und der Gemeinde fleißig und treulich in Kirchensachen aufwarten".*

Altes Reethaus in Kemnitz: Wie diese Bauernkate muss man sich das alte Schulhaus in Kemnitz vorstellen (Aufn. 1936 von LUDWIG TÄGERT)

Der Küster hat also, über seine Reinigungspflichten hinaus, eine ehrenvolle liturgische Funktion, die ihm in der Gemeinde auch einen besonderen Platz garantiert. Entgegen manchen Klischees vom armen Kirchendiener und Dorfschulmeisterlein war der frühneuzeitliche Küster auch materiell ordentlich gestellt. Seine Haupteinnahme für seinen Kirchendienst bestand in den Kornlieferungen der Gemeindeglieder, die je nach Hofgröße unterschiedlich große Abgaben leisten mussten. Und die Kemnitzer als Bewirtschafter der Kloster- bzw. Universitätsgüter waren keine arme Gemeinde.

Sonntags Kantor, alltags Küster?
– in Wahrheit gebildete Idealisten

So ist das bekannte Bild des Küsters „Dietchen Klingebiel" in Wilhelm Buschs Trilogie von 1875 über den wohlhabenden Spießer „Tobias Knopp" und sein Töchterlein „Julchen" sicher eine stark verzeichnete Karikatur. Da gehört er zunächst zu den „bösen Knaben", die dem zickigen Julchen als Mitschüler nicht gefallen und die ihr deshalb böse Streiche spielen. Als sie dann im heiratsfähigen Alter ist, taucht Klingebiel als Mitbewerber um Julchens Hand auf, wird aber etwas verächtlich mit dem berühmten Vers beschieden: „Da ist Klingebiel; was ist er? *Sonntags Kanter, alltags Küster".*

Verkannter Musiker und Poet: Küster Dietchen Klingebiel von WILHELM BUSCH

Zwar späht auch er nachts in Julchens Fenster oder hofft mit nächtlichem Saitenspiel und selbst gedichteten und komponierten Versen Julchens Herz zu gewinnen und als kleiner Floh an ihr krabbeln zu können, wird aber schließlich vom flotten blondgelockten Forstadjunkten Fritz ausgestochen.

In Wahrheit besaß der Küster, der auch als Kantor Orgel spielte und den Gemeindegesang leitete, einiges Ansehen, insbesondere durch seine Bildung und insbesondere Schriftkunde. Vor seiner Anstellung musste jeder Küster dem Konsistorium nachweisen, dass er *„im Schreiben, Lesen, Rechnen also geübet",* dass er *„die Schule mit bedienen und die Jugend unterweisen"* könne. In älteren Kirchenordnungen ist sogar zu lesen, die Katechisierung der Jugend sei *„von Alters her ... der Küster Amt gewesen".* Manche Küsterfamilie führte über Generationen hinweg die Kirchenbücher des jeweiligen Pastors und nahm verschiedene amtliche Schreibdienste für das Dorf wahr.

So begleitet den Küster als Lehrer und „Nebendarsteller" in Schulgeschichten häufig zu Unrecht der Vorwurf, dass es ihm an fachlicher Kompetenz oder pädagogischen Zielvorstellungen gemangelt habe. Dass manches bei den Schülern nicht so ankommt, wie es von ihren idealistisch eingestellten Lehrern gedacht ist, ist eine Crux des Schulwesens und seiner Geschichte bis heute, die häufig zu Unrecht den Lehrer in ein schiefes Bild bringt.

Man muss nur mal einen der Bestseller aus dem Schulalltag heute in die Hand

Berichte vom Schulalltag heute: Bestseller von JULIA TÄGERT

nehmen, wie ihn die 1968 geborene Ur-... Urenkelin von JÜRGEN JOCHIM TÄGER in der siebten Generation, JULIA TÄGERT, unter dem Pseudonym „Frau Freitag" über ihre Erfahrungen als Lehrerin in unserer heutigen Zeit in BERLIN-Wedding geschrieben hat. Was hier über das Schülerverhalten beobachtet wird und von den Jugendlichen vielleicht komisch gemeint ist, verursacht doch beim Leser ein Frösteln auf der ganzen Haut und zeigt, wie wenig wir vom chaotischen Verhalten junger Leute in Wilhelm Buschs Zeiten entfernt sind.

Zu den pädagogischen Träumen jedes engagierten Lehrers gehört ja auch die Charakterbildung der Schüler, von der man oft resigniert meint, sie verläuft ins Leere. So stellt auch WILHELM BUSCH dann in seinen Bildergeschichten „Max und Moritz" (1865) eine weitere Lehrergestalt dar, den „Lehrer Lämpel", der eigentlich zu den engagierteren Kantor-Lehrern im Amt der „Küsterschule" gehört. Ihm ist schon damals, neben dem Schreiben, Lesen und Rechnen, auch die Vermittlung von „Lehren der Weisheit" zur Formung gebildeter Menschen eines Herzensangelegenheit, auch wenn man ihm dabei übel mitspielt.

Denn, wie Busch dichtet:
Nicht allein das Abc
Bringt den Menschen in die Höh,
Nicht allein im Schreiben, Lesen
Übt sich ein vernünftig Wesen;
Nicht allein in Rechnungssachen
Soll der Mensch sich Mühe machen;
Sondern auch der Weisheit Lehren
Muss man mit Vergnügen hören.
Dass dies mit Verstand geschah
War Herr Lehrer Lämpel da.

Das kirchliche Schulwesen will also nicht erst heute, sondern schon damals mehr als nur formale „Grundtechniken" vermitteln. Doch sabotieren die beiden destruktiven „Helden" Max und Moritz solche ehrbaren Ziele; als Lämpel nach dem sonntäglichen Orgelspiel die Kirche verlässt, um in seinem Sessel bei einem Tabakspfeifchen verdiente Entspannung zu genießen, sprengen die Chaoten den armen Mann fast in die Luft.

Hier setzt BUSCH ein ungelöste Problem ins Bild, das sich auch heute noch vor allem in den Hauptschulen den Lehrern stellt: Weil die Schule dem pubertierenden Jugendlichen häufig das Gefühl von Fremdbestimmung vermittelt, setzen gerade männliche Jugendliche gern und mit aller Kraft ihren Widerstandsgeist jedem pädagogischen Bemühen entgegen. Wenn Lehrer dann resignieren und in einem „burn-out-Syndrom" ihre Leistungskraft verlieren, dann muss man das ernst nehmen und darf sie nicht zu Fußabstreifern der Gesellschaft herabwürdigen.

Andererseits muss auch ein Lehrer wissen, dass er mit einer „resignativen Pädagogik" niemals seine Schüler erreicht. Er darf sich nicht von Blendern im Kollegenkreis verunsichern lassen, denen scheinbar immer alles gelingt. Gute Pädagogik ist meist mit viel Schmerzen erkauft.

Von diesen schmerzhaften Erfahrungen des Lehrerberufs zehren dann mehr oder minder liebevoll die berühmten Beschreibungen der Schulmeister, die es bereits aus den Tagen von JÜRGEN JOCHIM TÄGER gibt. Von dem schwäbischen Dorfschullehrer und Volksdichter SAMUEL FRIEDRICH SAUTER (1766 ~ 1845) stammt die Urfassung des bekannten Spottliedes vom *„armen Dorfschulmeisterlein"*, das in 25 Versen die Not des *„geplagtesten Männchens"* besingt, das

Schulmeisterlein auf dem Stege: Skurriles Gemälde von CARL SPITZWEG 1839

„bei einem kargen Stückchen Brot, umringt von Sorgen, Müh und Not" sein Leben fristet und sich liebevoll der mutwilligen Schulkinder erwehrt, die ihm den Unterricht vergraulen:

*„Hier ist es nun, das eine brummt,
das andre lacht, das dritte summt
mutwillig in das Ohr hinein
dem armen Dorfschulmeisterlein."*

Heiter liebevoll schildert anderseits JEAN PAULS Erzählung aus der gleichen Zeit 1790 das *„Leben des vergnügten Schulmeisterlein Maria Wutz in Auenthal"*.

Umfangreich und landschaftsbezogen ist der Schulroman, den ADOLF BRANDT unter dem Pseudonym FELIX STILLFRIED im Jahr 1887 geschrieben hat *„De Wilhelmshäger Kösterlüd"*. Sprachlich und auch inhaltlich lässt uns dieses Meisterwerk niederdeutscher Sprachkunst vieles vom Alltagsleben nachempfinden, was auch den niederdeutschen Lehrer JÜRGEN TÄGER bewegt haben dürfte.

Das unerschöpfliche Thema des Verhältnisses von bemühtem Lehrer und unbotmäßigen Schülern wird weitergesponnen in *„Köster Klickermann"*, dem RUDOLF TARNOW im Jahr 1921, ebenfalls in niederdeutscher Mundart, ein literarisches Denkmal gesetzt hat.

Und als Muntermacher gegen triste Bombennächte wurde gar der Schulroman von HEINRICH SPÖRL 1933 *„Die Feuerzangenbowle"* noch im Dritten Reich im Jahr 1944 kurz vor Kriegsende verfilmt; angeblich soll sogar HITLER in seinem Befehlsbunker „Wolfsschanze", schadenfroh über die fehlmotivierten Lehrer geschmunzelt haben, als ihm der

Hauptdarsteller HEINZ RÜHMANN den Streifen mit der Bitte um Freigabe persönlich überbrachte. RÜHMANN gelang es damals, diese Freigabe an der Zensur des verkniffenen Propagandaministers JOSEF GOEBBELS vorbei zu erwirken.

GOEBBELS hatte in den belustigenden Filmszenen einen Verrat an der deutschen Autorität gewittert. Diese Autorität hätten die Lehrer nach den Vorstellungen der Nazis weiter verteidigen sollen. Und viele Lehrer – und leider auch Eltern – haben ja damals diese „Schwarze Pädagogik" ihren Kindern tatsächlich vermittelt und sie damit verkrüppelt: *Flink wie Windhunde, zäh wie Leder, hart wie Kruppstahl ...*

– Wofür müssen also alle diese alten Schulmeister herhalten, die sich mutig dem Problem der Massenbildung in sozial verwahrlosten Zeiten gestellt haben?!

Die Kirchen übernehmen den Auftrag zur geistlichen und moralischen Bildung des Volkes

Motiviert und angeleitet von ihren damaligen Auftraggebern, der Kirche und ihren Pfarrern, und bemüht um Bildungsgerechtigkeit für alle, wollen die Lehrer damals den nachwachsenden Generationen unter oft schwierigsten Umständen und größten Widerständen Bildung vermitteln. JÜRGEN JOCHIM TÄGER bringt seine diesbezüglichen Erfahrungen und Kräfte also jetzt in ein bewusst kirchliches Amt ein, so wie es ihm sein Mentor, THEOPHILUS COELESTINUS PIPER nach dem Vorbild von AUGUST HERMANN FRANCKE nahegelegt hat.

Diese dominierende Rolle insbesondere der evangelischen Kirche für die Bildung und Volkserziehung, die bis weit in das 20.Jh. hineinwirkt, ist kein Zufall, sondern ein Haupterbe der Reformation, das die jeweiligen Landesväter zu würdigen wussten. Vorher, bis zum Ausklang des Mittelalters, war Schulunterricht weitgehend Privatsache für die Schichten der Bürger, die sich den Unterricht leisten konnten. Doch große Teile der Bevölkerung blieben zeitlebens Analphabeten, weil sie schon als Kinder ihren Eltern auf dem Feld oder im Handwerk helfen mussten, das mühsame tägliche Brot zu verdienen.

Inspiriert vom Humanismus und religiös überzeugt vom mündigen Gewissen des Einzelnen, hatten sich die evangelischen Geistlichen in einer Art früher Aufklärung mit aller Entschiedenheit gegen jede Art von gedankenlosem Gottesdienst und Missbrauch des Glaubens gewandt; sie hatten eine Bildung für alle Menschen gefordert und die religiöse Mündigkeit der Gemeindeglieder gefördert, indem sie die Menschen dank Gottes Rechtfertigung von fremder Vormundschaft freigesprochen hatten.

So motiviert hatten die evangelischen Fürsten und Stadträte angefangen, zu wetteifern. Sie setzten die Pfarrer in ihrem Herrschaftsbereich gezielt dafür ein, das Volk in Fragen der Sittlichkeit und des Glaubens zu unterweisen und legten anfangs auch großen Wert darauf, dass diese Pfarrer an Luthers und Melanchthons Universität in WITTENBERG ausgebildet waren. Sie bauten ihnen neue

Pfarrhäuser, groß wie Adelsschlösser, und alimentierten sie auch großzügig. Diese Geistlichen, die nun alle eine theologisch-wissenschaftliche Bildung durchlaufen haben mussten, waren in der Zeit des Absolutismus dem Adel in Ansehen und Autorität praktisch gleichgestellt.

Andererseits waren die Erwartungen der Ratsherren und Regierenden an die Kirche, die Menschen bilden und bessern zu können, ziemlich hoch. Diese Bildung sollte nicht nur unter den Kanzeln, sondern auch im Schulsaal geschehen. So wurde den Kirchen in ganz Mitteleuropa auch die „geistliche Schulaufsicht" übertragen. Und das blieb auch lange so.

Als Vergleich sei die Situation in Bayern dargestellt, die sich auf mehreren Ebenen vollzog. Die oberste geistliche Schulaufsicht unterstand dem Kultusministerium. Die Bezirksschulinspektoren wurden aus dem Kreis der Dekane und Pfarrer des Gebietes benannt. Die Lokalschulinspektion war stets dem Ortsgeistlichen unterstellt, sei er nun katholisch oder evangelisch.

Erst im Jahr 1919 beendete die kurzfristig amtierende kommunistische Räterepublik in Bayern als eine ihrer ersten Entscheidungen die geistliche Schulaufsicht. Dieser Beschluss rief aber insbesondere den Widerstand der römisch-katholischen Kirche hervor und blieb deshalb weitgehend formal; in der Praxis blieb die alte Form der Schulaufsicht durch die Kirchen noch bis nach dem Zweiten Weltkrieg erhalten.

In Pommern endete die kirchliche Schulaufsicht aber bereits mit Bismarcks Kulturkampf und dem preußischen Schulaufsichtsgesetz von 1871. Es unterstellte alle staatlichen und kommunalen Schulen der staatlichen Aufsicht.

Ein christliches Lernziel in einer sozial verwahrlosten Zeit: Bildung „nach Gottes Bild"

Nach den Vorstellungen der Reformatoren bedarf der Mensch, um Gott entsprechen zu können und sich vom Tier zu unterscheiden, der Formung seines Gewissens, seiner geistigen Fähigkeiten und seines Tuns. Denn Gott als der erste „Bildner" hat den Menschen zu seinem Gegenüber und „Hoheitszeichen" in der Welt geschaffen; der „gebildete Mensch" soll das Abbild Gottes in dieser Welt sein. Er soll die Welt nach Gottes Auftrag bebauen und bewahren und dabei in vollem Vertrauen auf Gott leben und ihn hier durch ein angemessenes Verhalten vertreten und ehren.

Als Quelle für solche geistliche Bildung wird in erster Linie die Bibel betrachtet. Insbesondere die Gestalten ihrer Profeten und Weisheitslehrer gelten als Wegführer und Vorbilder. Sie wollen dem Gläubigen, neben dem „Wissen" über die theologischen Zusammenhänge der Geschichte und über die Moral von Gut und Böse, vor allem auch die Bildung des Herzens vermitteln.

Für diese Herzensbildung ist insbesondere JESUS Prototyp und Leitbild. Er ist das „Ebenbild Gottes", der „neue Adam"; er „erlöst", d.h. befreit, den Menschen von physischen und psychischen Blockaden, die ihn bisher daran hinderten, „Gott zu schauen"; und er schenkt denen, die seinem Weg folgen, das Vertrauen zum gnädigen und barmherzigen Gott.

So ergreift der Mensch aus seinem lebendigen und gefestigten persönlichen Glauben heraus mutig sein Leben, nur gelenkt von seinem Gewissen und der Liebe zu seinem Nächsten. Das Ziel dieses christlichen Bildungsweges ist also nicht eine Theorie von Gott, sondern die persönliche Nachfolge Jesu, die der Gläubige als ein im Glauben mündiger Mensch ergreift; denn in Jesus erkennt der Mensch Gott selbst, der sich liebend der Erde zugewandt hat.

Luthers Katechismus als elementares Lehrbuch

Was kann ein Pfarrer oder Lehrer den Menschen aus den verschiedenen Schichten und Altersgruppen über diesen menschen-bildenden Gottesglauben vermitteln? Die Quelle, aus der sich das Gewissen formt und das praktische Verhalten im Alltag seine Regeln erfährt, ist der Glaube der Bibel, wie er sich, neben der Fülle der anregenden, tröstlichen und wegweisenden Bibeltexte, insbesondere in den 10 Geboten, im Vaterunser und im Glaubensbekenntnis ausdrückt. Daneben soll der Glaubende auch die lebenswichtigen Sakramente Taufe und Abendmahl nicht gedankenlos konsumieren, sondern aus ihnen die Kraft schöpfen zur täglichen Erneuerung seines Menschseins und zum Frieden mit Gott, zum Frieden den Mitmenschen und zum Frieden mit der Schöpfung.

Kleiner Katechismus als Grundlage der Volksbildung : MARTIN LUTHER als Hausvater und Lehrer

Über die Vermittlung dieses Glaubens hat sich MARTIN LUTHER viele Gedanken gemacht. Tief bestürzt von der Erkenntnis, wie gering die Bildung im breiten Volk, aber auch bei den Machthabern und in der Priesterschaft war, sann er schon bald darauf, hilfreiche Einführungen in den Glauben zu geben, die auch Laien verstehen können. LUTHER wollte jeden, der irgendwo Verantwortung trug, in die geistliche Pflicht zu nehmen.

So war schon im wichtigen Reformationsjahr 1529 sein „Kleiner Katechismus" entstanden, eine kurze Schrift, zunächst zu den „fünf Hauptstücken des Glaubens", die in Form von leicht lernbaren Fragen und Antworten die Bibel- und Bekenntnistexte zu den 10 Geboten, den drei Artikeln des Glaubensbekenntnisses, den sieben Bitten des Vaterunser, sowie die Bedeutung von Taufe und Abendmahl in verständlicher Sprache abhandeln sollten. Als sechstes Hauptstück fügte LUTHER später noch ein vierteiliges Kapitel über die Sündenvergebung und Beichte an.

Dieser Katechismus (von griech. „*kat-echein*" = unterweisen) sollte dem einfachen Volk als geistliches Lehrbuch dienen. Jeder evangelische „Hausvater" als das geistliche Oberhaupt der ganzen Familie und des Haus- und Hofpersonals sollte instand gesetzt werden, seine Anbefohlenen regelmäßig im christlichen Glauben zu unterrichten. Außerdem war der Katechismus das elementare Lehrbuch, anhand dessen die Kinder in den Schulen lesen und schreiben lernten.

Dagegen galt das Rechnen lange Zeit hindurch als nicht so wichtig. Auch LUTHER selbst hatte zeitlebens eine auffallende Rechenschwäche. Ein regelrechtes Hauptfach über viele Schuljahre hinweg war hingegen die Musik, die ja dem besonderen Lob Gottes und der Erbauung der Gemeinde diente. LUTHER selbst wusste sie in seiner eigenen Schulzeit als Ausgleich gegenüber mancher strengen Paukstunde zu schätzen.

So sind auch die Erwartungen hoch,

„Arbeitsplatz" von Küster JÜRGEN JOCHIM TÄGER an Sonn– und Feiertagen: Der schlichte Innenraum der Heiligkreuzkirche von KEMNITZ mit historischem Kanzelaltar

die JÜRGEN JOCHIM TÄGER in seiner neuen Doppelrolle als „Köster" und „Schaulmeister", wie ihn die Leute in der niederdeutschen Mundart nennen, an sich selber stellt. Er will nicht zu denen gehören, die diesen neuen Beruf nur nebenher betreiben und denen es an fachlicher Kompetenz mangelt, er will sich vielmehr voll und ganz hineingeben.

Als „Köster" im Dienst von Liturgie und Kirche

Der „Köster" von KEMNITZ arbeitet ganz eng mit dem Ortsgeistlichen zusammen, der jeweils an der ehrwürdigen Heiligkreuz-Kirche amtiert. Er kümmert sich um kleinere Instandsetzungsarbeiten und um die Herrichtung des Kirchengebäudes für den Sonntagsgottesdienst, und er bereitet die geistlichen Feiern zu Taufe, Trauung und Bestattung vor. Die Kerzen müssen brennen, Lektionar, Gesangbücher und Klingelbeutel bereitliegen; bei Beicht- und Abendmahlsfeiern müssen sich die Gemeindeglieder in die Kirchenbücher eintragen und ihre Spenden abgeben können. Seine Frau hilft ihm bei seinen Tätigkeiten, sie kümmert sich auch um den Blumenschmuck oder den Zustand der Paramente oder um die Reinhaltung der Kirche.

Auch bei der musikalischen Ausgestaltung der Gottesdienste wirkt der Küster nach Maßgabe seiner Kräfte mit. Allerdings ist der musikalische Anspruch auf dem Land bei weitem nicht so hoch, wie für die Kantoren-Lehrer in der benachbarten Stadt GREIFSWALD.

Am Greifswalder Dom erwartet das „gebildete" Gottesdienstpublikum stets die gottesdienstliche Aufführung großer Musikwerke nach dem jeweiligen Geschmack der Zeit. Und der Kantor, der die Darbietung einstudieren soll, muss hier allzu oft mit dem Unvermögen seiner Schüler beim Chorsingen und Instrumentalspiel kämpfen. Auf dem Land hingegen genügt es, eine kleine Kurrende, einen „Laufchor", aus geeigneten Schülern zu unterhalten, ihn unter die Leitung eines älteren Mitschülers zu stellen und mit ihm insbesondere Gesänge für Beerdigungsfeiern einzustudieren. Die Kinder werden für ihr Singen dann meist mit Naturalgaben aus der dankbaren Gemeinde belohnt.

Auch die Orgel muss der Küster im Gottesdienst nicht notwendigerweise selbst spielen; auch hierin unterscheidet er sich vom musikalisch vorgebildeten Kantor-Lehrer für die Stadt. Für die Begleitung des Gemeindegesangs an der Orgel finden sich auf dem Dorf oft geeignete Idealisten unter den Gemeindegliedern.

2. Der „Schaulmeister" – zuständig für die Grundbildung der Schüler

Der Alltag des Küsters gilt vor allem der Schule. Im Unterschied zu heute ist sie aber keine Ganzjahresschule, sondern richtet sich nach den Jahreszeiten in der Landwirtschaft. Das heißt, in den Herbst- und Wintermonaten ab Oktober sollen die Kinder an jedem Wochentag, in den Sommermonaten ab Mai mindestens an einem oder zwei Tagen in der Woche in die Schule gehen. In der tatsächlichen Schulpraxis erscheinen viele Kinder vor allem in der Sommerzeit nur unregelmäßig zum Unterricht, weil sie häufig in der häuslichen Landwirtschaft mithelfen müssen. Diese Kinderarbeit und Unterrichtsausfälle werden aber von den Kirchenmännern kritisiert.

Visitationen weisen manche Mängel nach

Der Aufsicht führende Pastor PIPER beklagt 1803 in einem Bericht, dass der

Schulbesuch *"sehr unordentlich"* sei. Manche Schüler kämen *"erst mit dem Ersten Advent, und manche halten nur bis Ende Januar aus."* In GÖRMIN würden etwa *"12 Knaben zum Viehhüten, acht Kinder zum Gänsehüten im Sommer gehalten und die übrigen Schulfähigen sind als Kinderwärter zu betrachten."*

Wie sieht der tatsächliche Unterricht aus? Nach dem Bericht eines dortigen zeitgenössischen Schulmeisters beginnt der Schultag morgens mit einem gemeinsam gesungenen Morgenchoral und einigen Gebeten. Dann müssen die Kinder ein Hauptstück aus dem Katechismus auswendig „beten", was für manchen angesichts der bedeutungsschweren Texte wohl eher ein mechanisches Plappern, als ein inneres Verstehen ist. Aber man wächst ja auch in solche Texte hinein, darum ging es ja LUTHER.

Sodann sollen die Größeren das Lesen und Buchstabieren üben und anschließend Rechenaufgaben im Kopf lösen. Jetzt kommt das praktische Schreiben und Rechnen dran, während mit den Kleineren das erste Buchstabieren und Lesen geübt wird.

Zuletzt dürfen die Kleinsten das ABC üben. An der Wand hängt eine Buchstabentafel. Der Lehrer zeigt mit einem langen spitzen Stock auf einen einzelnen Buchstaben und lässt ihn von den Kindern in ihrer Fibel aufsuchen und aussprechen. Während dieser heiligen Handlung fordert der Lehrer „Ordnung, Stille und Gehorsam" und setzt, „wenn es nötig ist" auch bisweilen einen Stock ein. *"Die meiste Zeit aber"*, so schreibt dieser Lehrer, *"erinnere ich die Kinder an Gott, dass sie sich vor Gott schämen müssen, wenn sie etwas böses getan haben!"*

Die verwendeten Methoden weichen in den einzelnen Schulen je nach Überzeugung und Können des Lehrers voneinander ab. Während PIPER in der Beurteilung eines Lehrers festhält: *"Lesen nach der Methode von Stephanie; Schreiben nach Vorschrift des Lehrers; Rechnen nach Heinz Sirvrinium mit ziemlich guter Entwicklung der Grundsätze; Singen: einstimmige Kirchenmelodien; Religion: Erläuterung des Katechismus; in Orthographie war nach Baumgarten der Anfang gemacht"*, vermerkt er bei einem anderen: *"In Jargenow ebenso, nur Lesen nach der gewöhnlichen Buchstabiermethode, Rechnen, Singen und Orthographie fehlen"*; und in PASSOW: *"Buchstabieren, Lesen, den Katechismus lernen, einen Gesang aufschlagen und einige Gebete hersagen ist hier alles."*

Entsprechend sieht es auch in der Schulbibliothek aus, für die stets das Geld fehlt. Da findet sich im wurmzerfressenen, staubigen Holzregal eine alte Bibel, die schon Generationen überdauert hat; daneben stehen ein altes Gesangbuch, ein abgegriffener Katechismus und vielleicht noch ein paar Fibeln und Rechenbücher.

Den Unterricht in der „Küsterschule" teilt sich der Lehrer mit dem Pfarrer auf. Der Ortsgeistliche kümmert sich in der Regel um die religiöse Unterweisung und die Hinführung der Kinder zur Konfirmation. Gelegentlich unterrichtet der Pfarrer besonders begabte Schüler auch in Latein. Denn Latein ist zu der Zeit immer noch die Sprache der Wissenschaft, ihr Erlernen ist damals die Vorbedingung für ein Studium an der Universität. Weil es keine Klosterschulen mehr gibt, wird Latein zu der Zeit nur noch in manchen Stadtschulen gelehrt.

Der Küster kümmert sich um das übrige gesamte Pensum der Wissensvermittlung und ist an einer einklassigen Dorfschule die einzige Lehrkraft.

Ein Beruf zum Auskommen unter kirchlicher Trägerschaft

Die Bezeichnung „Köster" für diesen Volksschullehrer im Dienst der Kirche wechselt in Norddeutschland gleichrangig mit dem respektvoll gebrauchten Ausdruck „Schaulmeister" oder auch „Lihrer".

Er muss seinerzeit noch kein Hochschulstudium absolviert haben und auch lange Zeit hindurch keine förmliche Lehrbefähigung nachweisen. Allerdings muss er für eine Anstellung Eignungstests des Anstellungsträgers, also der Kirche, absolvieren, und er wird, wie oben gesehen, vom Pfarrer bei Lehrproben visitiert, wobei die Fertigkeiten für Religion, Lesen, Schreiben sowie Rechnen im Vordergrund stehen. Solche Visitationen erfolgen meist zu Schuljahresende im Frühling, wenn auch der Leistungsstand der Kinder überprüft wird.

Bereits um diese Zeit des ausgehenden 18. Jh. entstehen an verschiedenen Orten private oder staatliche Lehrerseminare, auf denen Schulmeister das nötige Rüstzeug zur Ausübung ihres Berufes erwerben können.

So wurde oben bereits auf das Ausbildungsseminar in GREIFSWALD hingewiesen. Es bestand seit dem Jahr 1780. An den Kursen in diesem Haus dürfte also auch JÜRGEN TÄGER seit etwa dem Jahr 1783 teilgenommen haben.

Seit Oktober 1816 ist in KÖSLIN in Pommern ein regelrechtes Lehrerseminar eingerichtet. Dies dürfte die Bildungsstätte gewesen sein, welche dann JÜRGEN TÄGERS Nachkommen besucht haben. Dazu durchlaufen die Lehrer zunehmend dreijährige Vorkurse in sg. „Präparandenanstalten".

Die Entlohnung in seinem Beruf macht den Lehrer nicht reich, aber er kann gut davon leben. Vergleichbar der damaligen Pfarrbesoldung, die auf den einzelnen Pfarrstellen sehr unterschiedlich ist, je nachdem, ob der Pfarrer auf einer „fetten" oder ärmlichen Pfründe sitzt, unterscheiden sich auch die Einkünfte der Schulmeister von Ort zu Ort. An manchen Orten kann der Lehrer leicht das gleiche Einkommen erreichen wie ein Handwerksmeister, also etwa 100 Gulden im Jahre, an anderen Orten bekommt er viel weniger.

Die Bezahlung des Lehrers ist mit der Gemeinde vertraglich geregelt. Üblicherweise setzen sich seine Einkünfte aus Geldzahlungen und Naturalgaben zusammen. Die Gemeinde hatte aus den Stiftungen frommer und wohlhabender Bürger und aus säkularisiertem Kirchengut Schulkapitalien gebildet, deren Zinsen von jährlich 5% den Grundstock der Lehrerbesoldung bilden.

Ferner steuern alle Schulkinder ein Schulgeld von durchschnittlich 1/2 Taler pro Jahr bei. Dieses Schulgeld ist aber je nach Stand der Eltern sozial gestaffelt und kann so auch höher oder niedriger sein kann. So werden einem Gutshofbauern 3 Taler abverlangt, einem Handwerker und Kötner – der hier in Pommern „Kossat" genannt wird – 2 Taler, einem Tagelöhner dagegen nur 24 Silbergroschen.

Daneben hat der Lehrer Anteil an den sonntäglichen Kollekten und dem „Singegeld", das vor allem bei Beerdigungen anfällt, wenn er auf dem Weg zum Sterbehaus und auf dem Friedhof mit seinen Schulkindern Choräle singt.

Naturalgaben können auch in Form von Mittag- und Abendessen gegeben werden. Bei seinem „Umgang" findet sich der Schulmeister der Reihe nach bei allen Familien ein, ob arm oder reich. An schulfreien Tagen entfällt freilich die Verköstigung durch die Dorfbewohner.

Auch Getreide oder ein Anteil an Wiesen kommt als Naturalgabe infrage. Zu hohen Festtagen gibt es auch Sondergaben in Form von Eiern, Würsten und anderen typisch bäuerlichen Lebensmitteln. Und schließlich ist dem Lehrer auch ein Stück eigenes Land zur Bewirtschaftung zugewiesen.

Missachteter kirchlicher Idealismus

Die Schulen auf dem Land rund um GREIFSWALD unterstehen damals, wie schon gesagt, dem Patronat der Greifswalder Universität, die ihrerseits von Vertretern der Kirche geleitet wird. Die Schulhäuser, für die die Kommunen finanziell zuständig sind, leiden unter dem Spardiktat der Gemeinderäte und sind deshalb oft, wie beschrieben, recht primitiv. Sie gleichen manchmal, nach der Klage des visitierenden Pfarrers THEOPHIL PIPER, eher „Gefängnissen".

In kleineren oder ärmlicheren Gegenden findet der Unterricht auch in Wohnstuben statt, und in Gegenden mit verstreuten Siedlungen gibt es auch „Wanderschulen", die entsprechend der Jahreszeit in der Landwirtschaft von Hof zu Hof ziehen.

Die Bezeichnungen für diese hier geschilderte Art von Grundschulen unterscheiden sich je nach Landstrich: In Pommern heißen sie praktisch bis ins 20. Jh. hinein „Küsterschulen". Von den Niederlanden her rührt der Ausdruck „Klippschule", der dann zur Zeit der Schulreformen einen abschätzigen Beiklang bekommt. „Hier geht's ja zu wie auf der Klippschule", sollte besagen: Hier herrschen pädagogisch erbärmliche Zustände; die Vermittlung von Respekt vor der Obrigkeit wird mit mehr Hingabe betrieben als die Vermittlung von Inhalten. Dabei meint das Wörtchen „Klip" lediglich ein „kleines Ding", wie Kleinkram.

Auch andere Bezeichnungen wie „Winkelschule" oder „Beischule" sind aus der Sicht der Wissensbesitzer abwertend gemeint, während sich Ausdrücke wie „Trivialschule" oder „Elementarschule" mehr auf den Inhalt und „Dorfschule" auf die lokale Lage beziehen und die Benennung „Kirchschule" mehr den Träger und das dort tätige Personal ins Auge fasst.

Allgemein unterstellt man solchen Grundschulen gern in drastischer Ausmalung die ungenierte Anwendung der Prügelstrafe, sowie den Versuch, elementare Kenntnisse durch stures Auswendiglernen zu vermitteln.

Doch solche Handgreiflichkeiten gegenüber Schülern sind, wie wir sahen, zu Ende des 18. Jh. auf Betreiben von fortschrittlichen kirchlichen Pädagogen schon zunehmend verpönt. Der prügelnde Lehrer drückt unchristlichen Dilettantismus und Hilflosigkeit aus und ist damals in Pommern ein Auslaufmodell, obwohl man ihn anderenorts vereinzelt noch bis weit ins 20. Jh. hinein antrifft.

Auch wird heute vermehrt anerkannt, dass einfache Schulen diese Art durchaus ihren wichtigen Anteil an der Alphabetisierung des damaligen Handwerker- und Bürgertums geleistet haben. Auch die Bauernschaft strebt mit Aufhebung der Leibeigenschaft in Pommern seit dem Jahr 1806 wirtschaftlich empor und sieht sich zunehmend das kirchliche Bildungsangebot unterstützt und gefördert.

Letztlich war Schule zu halten eine große und verantwortungsvolle Aufgabe, die sich die Kirche, trotz bisweilen mangelhaftem Beistand von außen, aus der Überzeugung ihres christlichen Menschenbildes selbst gestellt hat. Leider ist es oft genug vorgekommen, dass Gemeinde- oder Stadträte, anstatt dieses gemeinsame Bildungsprojekt zu unterstützen, der Kirche dabei sogar ins Kreuz gefallen sind. Wie ich z.B. in der Kirchen- und Schulgeschichte einer meiner Dienstgemeinden enttäuscht herausgefunden habe, haben die Gemeinderäte im 19. Jh. gezielt versucht, die Kirche zur eigenen Geldersparnis für den Schulhausbau auszunutzen und ihr am Ende auch noch den schwarzen Peter für den schlechten Zustand der Schule zuzuschieben.

Seltsamerweise hat sich die Kirche gegen solchen Missbrauch und die Verachtung des kirchlichen Idealismus bis heute nie gewehrt. Sondern sie hat ohne Klage hingenommen, dass man ihre fraglosen historischen Leistung im pädagogischen Bereich bewusst herabsetzte und hat auch jede unberechtigte Kritik geduldig und widerspruchslos über sich ergehen lassen. Dieses Schweigen hat manche Kritiker, die schon immer die Kirche aufs Korn genommen haben, zu der irrigen Annahme verleitet, dass ihre Kritik berechtigt gewesen sei.

Schwedische Liberalität, lutherischer Protestantismus und deutsche Aufklärung

Ab seinem 47. Lebensjahr bis zu seinem Lebensende erweist sich JÜRGEN JOCHIM TÄGER als leidenschaftlicher Lehrer und vertrauenswürdiger und solidarischer Mitarbeiter seines Pfarrers. Er kann noch 18 Jahrgänge von Kemnitzer Kindern unterrichten und gewinnt mit seiner warmherzigen und zugleich engagierten Art und seinen menschlichen Erziehungsmethoden das Herz von vielen.

Sicher hat dieser Beruf seine Kräfte auch aufgezehrt, denn schon vor seinem 65. Lebensjahr spürt er seine zunehmende Schwäche und fühlt seinen Tod na-

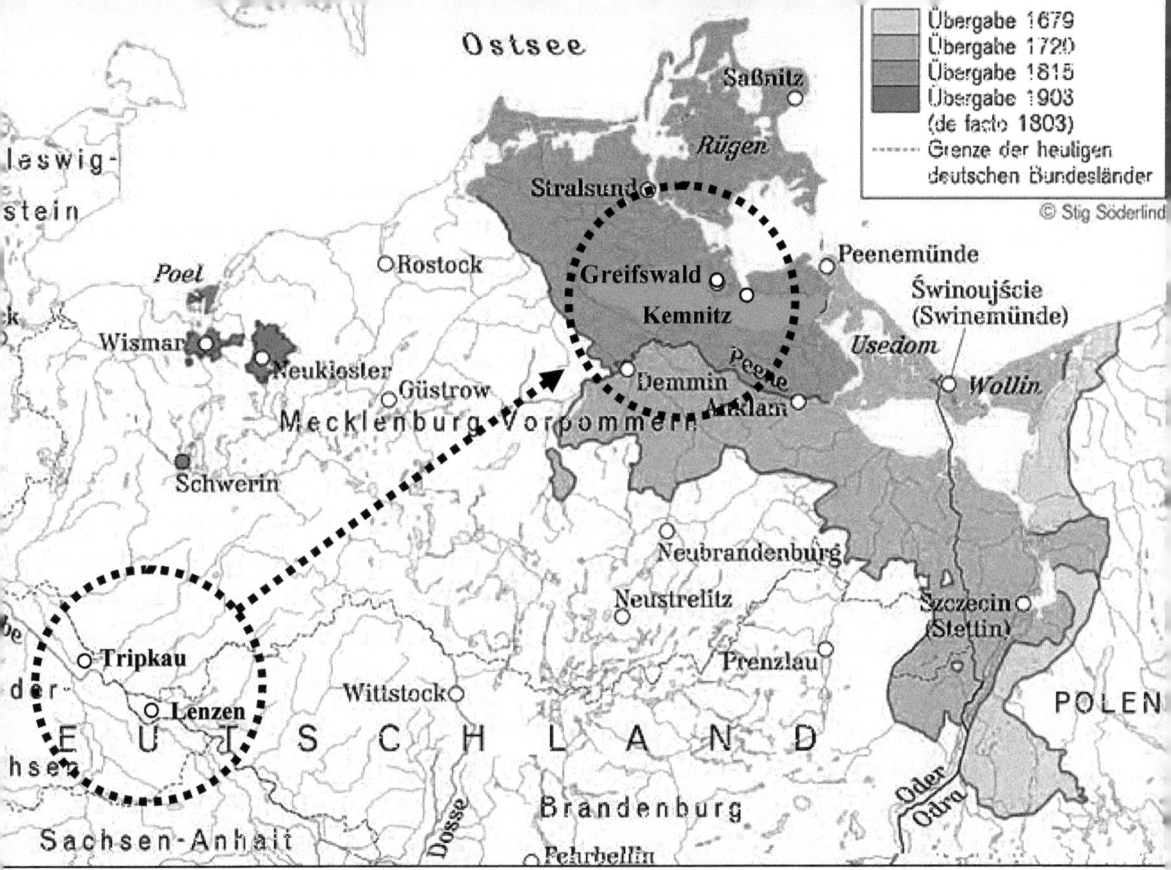

Vorpommern mit Greifswald und Kemnitz, allmähliche schrumpfende schwedische Kolonie in Deutschland 1631-1815: Heimat der von LENZEN und TRIPKAU kommenden Familie TÄGER(T) ab 1764

hen. Mit großem Interesse hat er aber noch das Werden der neuen Zeit seit der deutschen Aufklärung und die Impulse für die Pädagogik durch den Hallenser Pietismus beobachtet, vieles in sich aufgenommen und mit seinen eigenen konstruktiven Gedanken und positiven Gefühlen begleitet.

JÜRGEN JOCHIM ist bis zuletzt schwedischer Staatsbürger gewesen. Er hat diese nicht ganz freiwillige Oberherrschaft durch den schwedischen Gouverneur, die noch bis zum Wiener Kongress im Jahr 1815 währte, stets als liberal und volksgerecht empfunden. Mit innerer Bewegung hatte er auch die Erneuerung der schwedischen Kultur in dieser Zeit miterlebt.

Er hatte wahrgenommen, wie über den französischen Adel geistige Gedanken insbesondere der französischen Aufklärung auch nach Schweden gedrungen und sich im Aufbau von Akademien, zum Beispiel für Wissenschaft oder Schöne Literatur oder Schwedische Kultur, niedergeschlagen hatten. Daneben waren in Schweden die Oper und das Nationaltheater erblüht und strahlten auch auf die Kultur in den schwedischen Besitzungen in Deutschland aus.

Bereits im Jahre 1730 und seitdem immer wieder hatte etwa die Stadtverwaltung von GREIFSWALD für ihr weltoffenes Gemeinwesen die erste nachweisbare Spiel-Erlaubnis an reisende Theatertruppen ausgegeben, die dann Französische Klassik und Shakespeare, sowie Opern gespielt hatten; diese Schauspieler waren jeweils zwei bis drei Monate in der Stadt geblieben und dann weitergezogen.

Politisch hatten die Schweden lange Zeit zwischen einem aufgeklärten Absolutismus und dem Wunsch nach einer demokratisch verfassten Republik geschwankt. In ihren Zeitungen hatte sich ab 1760 eine gewisse, begrenzte Pressefreiheit durchgesetzt. Dagegen hatte die Kritik der französischen Aufklärung an Religion und Kirche, die sich ja insbesondere am Denken und Ritual der römisch-katholischen Konfession entzündet hatte, im schwedischen Protestantismus keinen Widerhall gefunden, sondern eher Widerstand erzeugt.

Insbesondere die französische Revolution im Jahr 1789, deren Zeitzeuge JÜRGEN TÄGER als 52-jähriger Lehrer wurde, hat mit ihrer anfänglichen adelsfeindlichen Willkürherrschaft viele aufgeklärte Schweden sehr verstört. Das hatte dazu geführt, dass sich die Diskussion aufklärerischen Gedankengutes in Schweden und seinen deutschen Gebieten zu verhärten drohte. Die Schweden waren unbedingt darauf bedacht, ihre Monarchie und die evangelisch-lutherische Religion vor den religionsfeindlichen Angriffen der französischen Aufklärer zu schützen.

Doch konnten schon kurz darauf die gemäßigteren und fundierten philosophischen und pädagogischen Gedanken der deutschen Aufklärung auch im schwedischen Mutterland Fuß fassen und sich dort durchsetzen.

In Pommern hat die besondere Form der deutschen Aufklärung, die in IMMANUEL KANT ihren geistigen Vater hatte, stets einen leichten Stand und hat in der nachfolgenden preußischen Zeit ab 1815 ihrem guten Ruf auch behalten. Kants Philosophie und Wilhelm von Humboldts Bildungsideale hatten in den Bücherregalen der Familie TÄGER(t) seitdem immer ihren festen Platz, man achtete sie fast wie Gebetsbücher.

Die vom Geist dieser Aufklärung getragenen Erneuerungsbestrebungen der Schweden für die Schule und die Universität, vertieft durch die Pädagogik des Halleschen Pietismus, hatte JÜRGEN TÄGER ja erlebt und selbst angenommen. Auch die übrigen zahlreichen Reformen, welche die Schweden für das Rechtssystem und die Befreiung der Bauern planten, beobachtete er noch mit Interesse. Doch das Ende der 185 Jahre dauernden schwedischen Herrschaft im Gebiet von Pommern, das die napoleonischen Kriege einläuten, erlebt er persönlich nicht mehr mit.

JÜRGEN JOCHIM TÄGER stirbt in KEMNITZ am 12. Februar 1802 im Alter von erst 65 Jahren und drei Monaten. Er wird auf dem kleinen Friedhof des Ortes direkt bei der Heiligkreuzkirche beigesetzt.

Ruhestätte von JÜRGEN JOCHIM und JACOB CHRISTOPHER TÄGER: Kirchhof Heiligkreuz in KEMNITZ

AHNENTAFEL DER FAMILIE TÄGERT/TAEGERT AB 1670

– Erstfassung 1936, Aktualisierung Stand: Dez. 2013 –

N.N. TÄGER (*wohl vor 1670, +nach 1703, begr. in **Tripkau**/Elbe = gegenüber Hitzacker)
Schaffmeister von **Lenzen** / Elbe

CASPAR CHRISTOPHER TÄGER (*um 1697 in Lenzen-Elbe, begr. 26.4.1758 in **Tripkau**/Elbe) **Kötner** und **Krüger**
zu Tribbekau = **Tripkau**-Elbe [Amt-Neuhaus]

oo I. 24. ... 1736 in Tripkau MARGARETA HEDWIG MEYERS (*1697 +begr. 9.7.1751, 54 Jahre, 8 Monate alt),
Tochter des Barbiers ANDREAS FRIEDR. ELSENER zu Tripkau, Witwe des Bäckers HANS JOACHIM MEYERS
[oo II. 1.2.1752 CATH. ELIS. FRIELEN aus Jessnitz +begr. 15.10.1769 in Tripkau, 57 J., 10 Mo. alt]

JÜRGEN JOCHIM TÄGER, auch „Georg" genannt (*get. 22.12.1736 in **Tripkau** +12.2.1802 in Kemnitz bei Greifswald) **Bürger** und Amtsmeister der Schuhmacher in **Greifswald**, seit 1784 **Küster und Schullehrer** in Kemnitz b. Greifswald) oo 25.11.**1767** in Greifswald MARIA ELISABETH VORBECK (Tochter des Kleinschmieds VORBECK, *get. 24.1.1749 in Greifswald, +25.3.1808 in Kemnitz)	**FRANZ HEINRICH CASPAR TÄGER** (*get. 12.7.1739 in Tripkau , +begr. 19.3.1740 in Tripkau)

MARIA DORO-THEA TEGGER (*12.6.1769 in Greifswald) oo CHRIS-TOPH MÜL-LER, Schuster in Kemnitz b. Greifswald	**GEORG CHRISTI-AN TEGER** (*2.1.1771 in Greifs-wald)	**ANNA MARIA TEGGER** (*13.2.1772 in Greifs-wald)	**DORO-THEA MARIA TEGGER** (*7.3.1777 in Greifs-wald)	**JACOB CHRISTOPHER TÄGER** (*1.8./ get. 5.8.1779 in Greifswald, +9.3.1845 in Kemnitz bei Greifs-wald) **Küster und Schullehrer** in Kemnitz bei Greifswald oo 1.11.1805 in Kemnitz MARIA CATHARINA BUCHHOLZ, Toch-ter d. Schiffszimmermanns Jakob B. und CHRISTINA RIES-BECK auf der Gr. Wiek	**JOHANN JOCHEN TEGGER** (*30.9.1785 in Kemnitz)	**FRIDERICA ROSINA CAROLINA TEGGER** (*getauft 20.1.1789 in Kemnitz)

Nur diese Nachkommen schreiben sich Tägert!)

PAUL HINRICH FRIEDRICH TÄGERT (*1806 in Kemnitz, +1840; Küster in Greifswald St. Nicolai) **Lehrer** der Bürgerschule; 3 Söhne, 2 Töchter. (oo 1828 ULRIKE CHRISTIANE HENRIETTE FOHRMANN (1803-1840) Tochter des Küsters JOH. HEINR. FOHRMANN u. DOROTHEE TOTZ in Greifswald.	**JOACHIM MAR-TIN AUGUST TÄGERT** (*30.6.1810 +7.2.1812, in Kemnitz-Greifswald)	**CHRISTIAN HEINRICH THEODOR TÄGERT** (*8.4.1816 +28.3.1920)

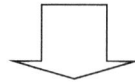

Paul Hinrich Friedrich Tägert (*1806 in Kemnitz, +1840) Küster u. Lehrer in Greifswald, oo 1828 Ulrike Christiane Henriette Fohrmann (1803-1840)

Carl August Hermann Tägert (*8.1.1828 in Greifswald +1892 in Stralsund) oo 1859 in Kasnevitz-Rügen: Regina N.N.

- **Hermine Tägert** (*1860 in Kasnevitz-Rügen) oo in Stralsund Sattlermeister u. Masseur Pries aus Stralsund, wohnen später in Binz-Rügen
- **NN. Tägert** (*1859 tot geboren)
- **Clara Louise Eleonore Tägert** (*17.2.1862 in Köslin, +in Osnabrück) ledig, „Tante Clara"
- **Friedrich Wilhelm Anton Tägert** (*6.4.1863 in Köslin +1950 in Osnabrück) Stud.prof. f.Mathe u. Physik am Ratsgymnasium Osnabrück. oo 22.9.1900 in Osnabrück Margarethe Emilie Ida v. Harriehausen (*11.8.1874 in Gieboldehausen +2.5.1925 in Osnabrück) To. d.Landgerichtsrats Friedrich Heinrich Ludwig Hariehausen in Osnabrück u. Sophie Aloise, geb. Schwarzenberg
- **Mathilde Anna Caroline Tägert** (*21.8.1864 in Köslin +1.10.1910 in B-Meiderich) oo 24.3.1893 Johannes Karl Stichel, Prof. Dr., Realgymnasium B-Meiderich (*21.7.1863 Altenburg)
- **Franziska Emma Wilh. Tägert** (*21.8.1864 +1866)
- **Hedwig Berta Johanna Tägert** (*5.1868 +6.1869)
- **Carl (Karl) Franz Benjamin Tägert** (*29.10.1869 Köslin, +1.1946 Essen-Ruhr) Konteradmiral d. Kaiserl. Kriegsmarine. oo 1907 i.Berlin Germanika Krüger, (*27.11.1888), Gutsbesitz.- u. Vers. direkt.-To. in Berlin, u. Germanica, geb. Fawkas
- **Wilhelm Ludwig Gottlieb Tägert** (*24.7.1871 in Köslin +1950) Vizeadmiral d. Kaiserl. Kriegsmarine, „Exzellenz"; oo I. 1901 in Berlin Else Lent (*1882 +23.2.1935 in Rottach-Egern) „Tante Lenti" Tochter des Geh Reg.- u. Baurats u. Bankdirekt. Lent in Berlin u. sr. Frau geb. Cergonne // oo II. 8.10.1943 in Rottach-Egern Margot Naumann „Tante Margot" (*20.3.1902 in Weimar), Tochter d. Sanitätsrats Johannes N. Therese, geb. Friedrichs
- **Johann Otto Friedrich Tägert** (*8.10.1874 in Köslin +Mai 1881 in Siegen)

Dr. Joachim Christoph Wilhelm Tägert (*9.12.1830 in Greifswald, +25.11.1903 in Siegen) [1848 Abi am Gymnasium Greifswald; Stud. d. Mathematik u. Nat.-wiss. a.d.Uni Greifswald; 1853 Prüfung „pro facultate docendi". Probejahr am Gymnasium zu Greifswald, interim. Adjunkt am Pädagogium zu Putbus-Rügen] 1854-1875 Lehrer u. Oberlehrer am Gymnasium zu Köslin; 1857 Promotion a.d. Uni. Greifswald z. Dr. phil. – Ab 1875 Direktor der Realschule in Siegen, 28 Jahre Schulleitung, „mit seltener Pflichttreue". 1903 50-jähriges Dienstjubiläum.

oo I. 18.3.1859 in Greifswald **Friederike Ernestine Leopoldine Niemeyer** (*4.10.1833 Greifswald +8.5.1865 Köslin) Tochter des ord.Prof. a.d.Uni Greifswald u. Konsistorial-Dir. Dr. Franz Anton Niemeyer u. Gabriele v. Haselberg /

[oo II. 7.2.1867 in Köslin **Emma Carolina Ernestine Amalia Karkutsch**, Tochter des Färbermeisters u. Stadtrats Karkutsch, u. Berta Krause, Köslin (*25.4.1843 +1905)]

Albert Gustav Friedrich Tägert (*4.5.1833 Greifswald +1895 Pankow-Berlin) **Mittelschullehrer** in Berlin. oo in Berlin

- **Luise Tägert** (* ..../ + ... In Berlin), ledig, 1912 wohnh. in Stralsund, **Volksschullehrerin** in Berlin

Luise Maria Mathilde Tägert (*12.10.1835 Greifswald +18.11.1840 Kemnitz)

Marie Dorothee Luise Tägert (* 2.5. 1838 in Greifswald + 1900 Stralsund) led., **Lehrerin** in Rügen

FRIEDRICH WILHELM ANTON TÄGERT (1863-1950)

LUDWIG FRITZ WILHELM TÄGERT (*31.10.1909 Osnabrück +22.8.1966 Hannover) Dipl. Ing., Reichsbahnbauführer, Bundesbahnoberrat. oo 28.1.1939 URSULA ELISABETH SCHACHENMAYER (*29.10.1914 in Halberstadt +22.10.2002 in Bad Kissingen) Tochter des Marine-OStabs-Ing. MAXIMILIAN SCHACHENMAYER (1869-1965) Kissingen, u. MARGARETHE GRABE (1887-1985) Thale

- **URSULA MARGARETHE CLARA FISCHER**, geb. Tägert (*28.1.1940) Apothekerin. oo PAUL-HEINZ FISCHER (+18.4.2001). 2 Töchter: GABRIELE u. CLAUDIA, 5 Enkel
- **JÜRGEN JOACHIM TAEGERT** (*17.8.1941) Pfarrer i.R. oo 1968 DOROTHEA TAEGERT, geb. SCHMIDT. 3 Söhne, 2 Töchter „Taegert": CHRISTOPH (Enkel: JONAS, LILY, PAUL, ANTONIA), JAN (Enkelin: MARTA), LUKAS, SIGRUN (Enkel: EMIL), ANNE
- **LUTZ-PETER TAEGERT** (*5.3.1946 +20.5.2001) Stud.R.f. Mathe. u. Physik. oo TRUDE TAEGERT, geb. SALLER). 1 Sohn: MORITZ
- **WERNER FRIEDRICH MAXIMILIAN TAEGERT** (*7.5.1950) Dr., Prof., BibliotheksDir. Bamberg. oo HANNE TAEGERT-DIETZ

MATHILDE ANNA CAROLINE TÄGERT (1864-1910)

JOHANNES KARL STICHEL (*12.5.1895 in B. Meiderich) Kapitänlt, Kaufmann. oo N.N.

- 2 Kinder

JOACHIM STICHEL (1896-1897)

- -

ANNA FRIEDRIKE GABRIELE STICHEL (*4.2.1899 in B-Meiderich) oo 1929 Hannover WILHELM EBERLE, Apotheker aus Chemnitz (*1900)

- **JOACHIM EBERLE** (*17.1.1931 Chemnitz)
- **NIKOLAUS EBERLE** (*29.10.1933 Chemn.)
- NN. // NN.

CARL FRANZ BENJAMIN TÄGERT (1869-1946)

HANS TÄGERT (*20.5.1908 Kiel +2.5.1945 gef.) Dr. jur., Prof. in Göttingen. oo 1938 ILSE, geb. NAUSCH (1914-2005) 1960 Doz. f. Psychol. a.d. Alice-Salomon-Schule f. Soz.päd. Berlin

- **JÜRGEN TÄGERT** (*5.7.1938 in Göttingen) ehem. geschäftsf. Leiter d.Charitè in Berlin. oo CLAUDIA TÄGERT. Sohn: PHILIPP (Enkel). Töchter: JULIA TÄGERT (Enkelin MIRIA), GWENDOLIN T.
- **JOCHEN TÄGERT** (*1.3.1941 in Göttingen) Dr. med. i.R., Neurologe, Langenhagen. oo FRIEDERIKE, geb. KAMP. Adopt.: ANNE TÄGERT (Enkel MAXIMILIAN), HANS-CHRISTIAN T.

CARL FRIEDRICH TÄGERT (*17.4.1913 Kiel +15.8.1990) Berufsoffizier seit 1936, franz. Fremdenlegion bis 1950, Kaufmann. oo 8.4.1943 GERTRUD, geb. VIETHER „Tante Tula"

- **JÜRGEN TÄGERT-Stavenow** (*2.4.1939 in Altslandsberg, geb. Viether, adoptiert) Wedel. oo STAVENOW. 3 Kinder „Stavenow"
- **HANS-WOLFGANG TÄGERT** (*13.8.1951 in Hambg) Realschullehrer, Köln. oo HELENA-MARIA QUATMANN
- **CHRISTIANE TÄGERT** (*25.6.1955 in Hamburg) Realschullehrerin. oo HORST DRÖSE; 3 Söhne „Tägert": PAUL, CARL, JOHANN

WILHELM LUDWIG GOTTLIEB TÄGERT (1871-1950)

WERNER ALFRED TAEGERT (*12.1.1902 in Kiel, verm. Juli 1944) Kaufm. in Frankfurt-M. oo I. 1930 in Hamburg MARIA CRASEMANN (*1.9.1904 in Hamburg; gesch. 1939; +4.10.1944 in München bei Bombenangriff) // oo II. Juni 1944 LISELOTTE, geb. ZÜHLKE (*8.10.1918? in Wahren)

- **SVEN TAEGERT** (*11.3.1931 in Chemnitz +13.5.1997 in HH), Kaufm., spin.Kinderlähmung. oo ERNA „Erni", geb. SCHNEIDER. 1 Tochter: SILKE, verh. WINGSCH, 1 Enkel CONSTANTIN
- **MICHAEL TÄGERT** (*8.11.1936 in Frankfurt-M.) Kapitän d. Handeösschiffahrt i.R., Buchholz a.d.Nordheide. oo 1968 CHRISTIANE, geb. LICHTENBERG. 2 Töchter „TÄGERT": ANJA, NINA, 2 Enkel „TÄGERT": FINN, LUCA

Über den Verfasser

JÜRGEN JOACHIM TAEGERT ist evangelischer Pfarrer im Ruhestand und Verfasser zahlreicher Publikationen, die sich in bewusst ökumenischer Perspektive mit der Verbindung von Geschichte, Kultur, Landschaft und menschlichem Geschick befassen. Die durchgängig verwendete Methode ist die „Geschichtsbetrachtung von unten". Sie räumt der möglichst sachlichen und nachvollziehbaren Darstellung der einzelnen menschlichen Schicksale im jeweiligen Zeitkontext Vorrang ein vor einer verallgemeinenderen Zeitbetrachtung.

Mit dem vorliegenden Büchlein „Vom Tropfhäusler zum Köster und Schaulmeister" eröffnet der Verfasser seine Arbeiten zur Beschreibung des Geschicks einer bürgerlichen Familie, die im 30-jährigen Krieg als „Tropfhäusler" am unteren Rand der Gesellschaft beginnt. Ihr Weg führt über das Handwerk und das Küster- und Lehreramt in die Mitte der einstigen bürgerlichen Gesellschaft im damaligen Pommern und Preußen.

Prägend ist nach der Zeit des Biedermeier der Aufbruch in die Gymnasialpädagogik und die wissenschaftliche Bildung, die im zweiten Teil dieser Familiensaga zur Sprache kommen „WENN DIE ERDACHSE SCHWANKT" – Universale Bildung und Deutsche Revolution im 19. Jh." [BoD 2014, Neuauflage 2016, ISBN 978-3-7412-4012-6].

Der dritte umfangreiche Doppelband „Die Kima und ihr Lutz" schildert das Leben die folgenden Generationen. Sie haben das „Zweite Reich" bis zum Ausklang der Kaiserzeit miterlebt und sind zu Zeitzeugen und Mitbeteiligten beim Aufstieg und Fall des „Dritten Reiches" geworden. [Band 1 „DAS ENDE DES SCHWEIGENS – Wie Hitler bürgerliche Berufsanfänger einfing", BoD 2016,

ISBN 978-3-7412-3990-8; Band 2 „AUF DICH TRAUT MEINE SEELE – Kriegskinder und die Eisenbahnlogistik für die Feldzüge des Schreckens", zur Veröffentlichung 2017 bei BoD vorgesehen.]

Wichtige Ergänzungen zu den historischen und persönlichen Aspekten liefern die weiteren Bücher und Buchreihen desselben Verfassers:

„MYRTEN FÜR DORNEN – Orts- und Kirchengeschichte des oberfränkischen Marktes Weidenberg 1919-1949" [24 Einzelbände, zur Erscheinung bei BoD ab 2017 vorgesehen]

„IN ÄNGSTEN – UND SIEHE WIR LEBEN – Ein Buch voller Wunder in einer Welt voller Schrecken" – Lebenserinnerungen des Wolhynienpfarrers H.K.Schmidt 1909–2009 [BoD 2016, ISBN 978-3-7392-2741-2]

„AUS MAMAS KOCH- UND BACKSTUBE – Bewährte Familienrezepte von Urgroßmutters Zeit bis heute" [BoD 2015, ISBN 978-3-7392-1199-2]

„KORFU – MEDITERRANE LANDSCHAFT UND BYZANTINISCHES CHRISTENTUM" – Ein ganz besonderes Reisetagebuch für alle, die Natur und Glauben lieben [BoD 2014, ISBN 9-783-7347-3409-0]

„WILD UND FROMM – Ein Beitrag zur Emanzipation der Jungen heute" [Spurbuchverlag 2012, ISBN 978-3-88778-362-4]

„WENN HOLZ und Steine reden … Martern, Bildstöcke, Wegkreuze, Seelsorgerliche Zeichen der Religion von unten" – Marterlwege in der Frankenpfalz im Fichtelgebirge [Bodner-Pressath 2010, ISBN 978-3-9371-1789-8]

„WO KÖNIG UND HERZOG EINFACHE LEUTE SIND – Spurensuche 1000 Jahre Frankenpfalz" [Bodner/Pressath 2009, ISBN 978-3-9371-1788-1]

Titelvorschau auf Teil 2 dieser Familiensaga:
„WENN DIE ERDACHSE SCHWANKT" – Universale Bildung und Deutsche Revolution im 19. Jh." [BoD 2014, Neuauflage 2016, ISBN 978-3-7412-4012-6].

Jürgen Joachim Taegert

Wenn die Erdachse schwankt

Universale Bildung und deutsche Revolution im 19. Jh.

Coverbilder Rückseite:

(links oben) St. Katharinenkirche und
Burg LENZEN,

(rechts oben) Kirche St. Mariae TRIPKAU,

(links unten) Rathaus und
Kirche St. Nicolai GREIFSWALD,

(links oben) Kirchhof und
Heilig-Kreuz-Kirche KEMNITZ